Ter ou não ter,
eis a questão!

Nilton Bonder

Ter ou não ter, eis a questão!

A SABEDORIA DO CONSUMO

Rocco

Direitos desta edição reservados à
EDITORA ROCCO LTDA.
Av. Presidente Wilson, 231 – 8º andar
20030-021 – Rio de Janeiro – RJ
Tel.: (21) 3525-2000 – Fax: (21) 3525-2001
rocco@rocco.com.br
www.rocco.com.br

Printed in Brazil/Impresso no Brasil

CIP-Brasil. Catalogação na fonte.
Sindicato Nacional dos Editores de Livros, RJ.

B694t Bonder, Nilton
Ter ou não ter, eis a questão! – a sabedoria do consumo / Nilton Bonder. – Rio de Janeiro: Rocco, 2011.

ISBN 978-85-325-2210-8

1. Desejo (Filosofia). I. Título.

11-2052 CDD–128.3
CDU–128

Sumário

Introdução

TER É FUNDAMENTAL, ESSENCIAL e imprescindível.

Mergulhados em um mundo de consumo e materialismo, nos vemos diante da perplexidade do que nos aconteceu. Como foi que construímos esse mundo? De onde vem essa realidade?

Um mundo onde o poder é medido pela capacidade aquisitiva; onde o entretenimento e a celebração acontecem em shoppings; onde os sonhos se traduzem em consumo; onde os sentidos e tendências partem do mercado. Como foi que o mundo ficou assim?

Sou daqueles que não acredita em processos causados por mera ignorância. Penso que responsabilizar a ignorância é uma forma de evitar defrontar-nos com outras "inteligências". Há uma lógica, uma verdade, que permeia essa realidade independentemente da moral de ser ela positiva ou negativa, construtiva ou destrutiva.

Este livro se propõe buscar o lugar da posse, ou melhor, a imprescindibilidade da posse em vez de tratá-la como uma patologia. A própria existência é, por definição, a posse de um corpo. Ser é ter e o ser se inicia com uma posse. As escolhas da vida terão sempre a forma de uma posse, mas a verdadeira posse se configura não apenas daquilo que temos, mas também e de igual importância, daquilo que não temos. Este é o dilema constante da posse: o que ter e o que não ter!

Nossa existência se manifesta pelas coisas que temos e também por aquelas que não temos, por aquelas que queremos possuir e aquelas que deliberadamente decidimos não ter. Esta é a verdadeira questão humana: o que ter e o que não ter?

Nosso ser e nossa história serão sempre trajetórias de posses: das coisas que possuímos e não possuímos; das pessoas que possuímos e não possuímos; daquilo que fazemos nosso destino e daquilo que não fazemos. Viver é a decisão entre ter ou não ter relativo a coisas, aos outros e a si.

O mal não é "ter", mas a ausência do dilema de possuir ou não. Se a posse se faz apenas numa única direção, ou seja, a de reter e deter as coisas para si, de monopolizar o que é dispensável ao ser, então ela tem um impacto desastroso sobre a existência. Ter nunca é dispensável. Ter não poderá jamais ser um estado mental ou abstrato dissociado do imperativo de uma carência, e esse é o início de nossas desventuras, ou seja, quando o ser e o ter, em vez de corresponderem a duas faces de uma mesma moeda, se tornam um a antítese do outro.

Justamente por sermos mortais, finitos e esgotáveis é que experimentamos o senso de existência. Essas características, portanto, não são limitações para a existência, mas a própria essência de sua manifestação. Ser é precisar ter, mas, para tal, o ter tem que se conformar à circunscrição do ser. É em seu cabimento e em sua justeza que o ter se dissolve na experiência do ser.

O ter abstrato, sob a forma de um privilégio que se adianta a uma carência, é a tragédia produzida pela tentativa de evadir-se da fundamental e inevitável deliberação sobre o "ter ou não ter".

Toda vez que o "ter" for originado numa necessidade, se fará instrumento e nutriente do "ser", ou seja, reforçará a medida e a limitação que configuram nossa experiência de "ser". Toda vez que o "ter" se apropriar de algo que foge à limitação real do "ser", que prescindir de uma necessidade real que o justifique, diminuirá o tônus e tornará flácida a experiência do "ser".

O "Ter" é, e sempre será, questão essencial da existência. "Ser" é, e sempre será, questão relativa à matéria.

A tarefa desta reflexão é mergulhar no emaranhado de experiências e manifestações humanas que tornou a relação com a posse tão complexa, ou melhor, a tornou uma "questão".

A reversibilidade em Shakespeare

TODA FÓRMULA É UMA redução máxima. É a síntese culminante entre relações da vida ou da natureza. "Ser ou não Ser? Eis a questão!" estabelece uma relação entre decisão e motivação. Optar por "ser" ou "não ser" é o objeto de interesse da vida.

Vamos supor que "ser" e "ter" são reversíveis, que podem se confundir um com o outro se o "ter" for compreendido como uma medida entre o que se "tem" e o que deliberadamente "não se tem". Se "ter" for a opção que se origina na demanda real do momento e não um imperativo do imaginário ou uma construção mental, então há uma reversibilidade entre "ter" e "ser" cabível nesta fórmula. Essa reversibilidade será o objeto principal deste texto, mas antes que nos dediquemos a ela, se antecipa uma definição importante: o que é uma "questão"?

Essa palavra comporta várias formas de compreensão que ficaram evidentes quando da tentativa de traduzir Shakespeare para o iídiche. O iídiche é um dialeto do alemão utilizado por parte dos judeus e que se transformou em sua língua franca de exílio. Desconheço fenômeno semelhante entre outros povos, em que um grupo adota como língua nacional um dialeto que é referência particular de seu exílio, uma língua materna que é, na realidade, uma língua madrasta. A singularidade desse fenômeno curioso é matéria de estudos, mas nos interessa apenas pela idiossincrasia de ser uma língua que expressa "ser" (identidade) sem "ter" (território), ou melhor, "ser" na medida do que "não tem".

O tradutor de *Hamlet* não conseguia se decidir sobre a tradução exata para a palavra "questão". Deixando de lado o que parece ser o cerne filosófico da fórmula, o iídiche dava foco a outra incógnita da equação. Decidir "ser" ou "não ser" estava relacionado com "ser a questão". E "questão" em iídiche poderia ser traduzida de diversas maneiras: como uma *frague* (pergunta), uma *shaila* (ambivalência), uma *kashia* (dúvida) ou um *teiku* (paradoxo).

Esses quatro aparentes sinônimos refletem a riqueza de um povo que sempre cultivou o questionamento como um bem cultural fundamental. Acabou por gerar um espectro de especificidades ou categorias do que identificamos por "questões".

A primeira possível tradução ("pergunta") significa meramente a procura de uma informação de que não se dispõe. A necessidade de respostas é uma demanda da própria sobrevivência e representa uma procura concreta que tem origem nas questões do mundo físico. Se não sei, eu pergunto, busco e corro atrás. Muitos leem Shakespeare dessa forma, ou seja, essa é a pergunta que devemos nos fazer e ponto.

A segunda tradução, "ambivalência", expõe aspectos emocionais do questionar. No iídiche, "*shaila*" era a pergunta trazida ao sábio por um discípulo perturbado por um novo discernimento que o deixava perplexo ou ambíguo. Uma nova percepção impacta outras áreas de nossa vida e nem sempre estamos aptos a aceitar essa interferência. "Mas se isso é assim... então aquilo não deveria ser assado?" – é como expressaria coloquialmente o indivíduo com uma "*shaila*". As implicações de sua conclusão impactam outras áreas de sua vida e o deixam confuso. Visões de mundo já estabelecidas ficam conflitadas por uma nova ideia. Essas questões estariam centradas na esfera emocional.

A terceira tradução para "questão", "dúvida", revelava dimensões da esfera intelectual. No iídiche, *"kashia"* eram as perguntas que os próprios sábios se faziam quanto à precisão ou acuidade de um aforismo. Conceitos imprecisos não podem ser usados como corolários de outros conceitos. O pensamento precisa de ideias consistentes para não se perder em ilusões. A *"kashia"* buscava, além da coerência intrínseca de uma ideia que ela revelasse, todas as possíveis implicações em relação a outras ideias, caso contrário, ameaçaria toda uma estrutura de compreensão da realidade.

A quarta tradução, "paradoxo", remonta à dimensão espiritual. A palavra *"teiku"* é um anagrama das iniciais da expressão "O profeta Elias dará conta desta *kashia*". Quando os sábios do Talmud não conseguiam chegar a uma conclusão, quando o disparate ou a contradição entre possíveis verdades ultrapassava sua capacidade de esgotar uma questão, consideravam-nas em aberto até tempos futuros. Era uma espécie de desistência temporária da tentativa de harmonizar duas verdades aparentemente contraditórias. A figura do profeta Elias era simbólica de um futuro de revelações e respostas que hoje só podem ser experimentadas como incongruências. Até a chegada destes tempos, a incoerência dessas ideias não as invalida e elas se mantêm em tensão numa relação lógica que só é aceitável de forma intuitiva ou por meio de convicções que não são comprováveis.

Nessas quatro dimensões ficam explicitados quatro diferentes mundos – físico, emocional, intelectual e espiritual – cada um relativo a uma possível tradução da palavra "questão". Esses quatro mundos, por sua vez, correspondem a um antigo método de interpretação que utilizavam os cabalistas para melhor compreender a realidade. Faziam esse desmembramento da realidade nesses diferentes níveis para que, ao remontá-la, pudessem observá-la com maior resolução e nitidez.

Vamos utilizar o mesmo recurso tentando subdividir a fórmula de Shakespeare em quatro esferas. Usaremos, em vez de "Ser ou não ser", a pergunta "Ter ou não ter" e, em vez do uso comum da palavra "questão", as quatro distintas maneiras de decompô-la: como uma "pergunta" na esfera física, uma "ambivalência" na esfera emocional, uma "dúvida" na esfera intelectual e um "paradoxo" na esfera espiritual.

Portanto, exploraremos os diversos conceitos de:

1) Ter ou não Ter? – esta é a *frague* (pergunta)!
2) Ter ou não Ter? – esta é a *shaila* (ambivalência)!
3) Ter ou não Ter? – esta é a *kashia* (dúvida)!
4) Ter ou não Ter? – este é o *teiku* (paradoxo)!

Ser e ter

NOSSA TAREFA SERÁ ESTABELECER, ao longo de nosso texto, uma trama entre esses dois verbos. Nossa infância é marcada pela tentativa de distinguir esses dois verbos, o que não é nada fácil. O olhar do recém-nascido que se sente pertencente à mãe e sua dificuldade em se separar expressam a complexidade linguístico-conceitual de estabelecer uma diferença entre ser e ter.

É essa dificuldade que faz das crianças grandes consumidores por natureza. A indústria de brinquedos sabe disso e despende consideráveis somas em propagandas que apelam para a experiência infantil de que "ter" o brinquedo será fundamental para que ele possa "ser". Mesmo em fases mais amadurecidas, quando uma certa distinção entre esses verbos já se estabeleceu por meio da educação e da experiência, essa questão se faz presente. Tomemos, por exemplo, o tema da equidade oferecida pelos pais (ou pelo mundo) a dois ou mais irmãos. Poderíamos dizer que aquilo que eles têm, a maneira de perceber o que lhes cabe em atenção e favores, determina de forma categórica como eles se percebem. O ciúme e a inveja continuam a comprometer o "ser" com o "ter".

Parece tão fundamental no desenvolvimento humano a capacidade de saber distinguir esses verbos que em nenhum idioma eles se misturam. Enquanto os verbos "ser" e "estar" suportam em vários idiomas a mesma representação, apesar de conceitualmente distintos, o mesmo não ocorre com o verbo "ter". Não há língua na qual o "ter" não precisa se desenvolver como um conceito distinto do conceito de "ser". A trama que buscamos tecer entre esses verbos com certeza não é uma regressão a estágios infantis de confusão entre eles, mas o reconhecimento de que o ato de ser é constantemente definido por valores que determinam a opção por se ter e não se ter. É essa opção, em vez do ato de posse que unicamente concebe o "ter" inequívoco, que distingue a experiência infantil da experiência madura. Talvez seria mais preciso dizer não apenas que "ser" e "ter" são reversível um ao outro, mas que é o ser que se faz absolutamente reversível a "ter ou não ter".

Os místicos das mais distintas tradições perceberam que essa é a maior fonte de onde se originam confusão e sofrimento para o ser humano. Mesmo Karl Marx, ao levantar a questão de a consciência do homem determinar seu ser ou, ao contrário, o seu ser determinar a consciência, tentou estabelecer relações entre a posse e a existência. Por consciência devemos entender aquilo que se "tem" e que fica objetivado em nosso estado desperto. A psicanálise tentará definir a consciência como uma dinâmica entre o que se "tem" e o que deliberadamente não se tem (inconsciência). Esse "ter ou não ter" mental-emocional, que em muito determina a experiência do ser, é responsável por nossa memória e pelo senso de si. Há uma profunda correlação entre a percepção do Ego e a percepção do objeto – a percepção do que eu tenho e a percepção do que o mundo tem.

Para os místicos, no entanto, nem o ser determinava a consciência nem a consciência o ser, mas, sim, a mútua relação entre os dois.

Ser é o ato de valorizar coisas, pessoas ou projetos e torná-los demandas da entidade que somos e que gerimos. Esses valores podem ser de ordem física, emocional, intelectual ou espiritual para um ser humano. Essa é a condição na qual o "ser" determina a realidade a sua volta, algo semelhante às descobertas científicas mais modernas de que a presença de um corpo interfere com a física de um espaço. Para os místicos, a realidade se decompõe em aspectos físico, emocional, intelectual e espiritual porque estes são os instrumentos da percepção humana. E aquilo que percebemos determina o que somos. Percebemo-nos nessas quatro esferas porque dispomos de aparelhos sensíveis que nos permitem sentir presentes nessas dimensões. Tivéssemos outros "sentidos", seríamos diferentes.

Ao mesmo tempo o "ser" existe em função do mundo a sua volta. E a relação dessa função é a possibilidade de "ter". O ser é construído pelos valores que estabelece e a própria percepção da memória nada mais é do que o encadeamento dos esforços bem ou malsucedidos de honrar esses valores. Não é mera coincidência que o "valor" das coisas que se pode "ter" é a mesma palavra para os "valores" que norteiam a existência e pelos quais somos capazes até mesmo de abrir mão do existir. Quando morremos por um ideal, estamos "sendo" na busca de realizar um importante valor. Queremos tanto "ter" algo alcançado que somos capazes de comprometer a totalidade de nosso "ser".

O fundamentalismo do Oriente Médio com seus homens-bomba zomba do medo ocidental que não é capaz de fazer o supremo ato e "consumo", que é reverter o seu ser num projeto definitivo de "ter". Essa incapacidade do Ocidente, mascarada de humanismo, representa uma forma de apego e fixação que transforma a vida num fetiche. Sem valores, o "ser" não se sustenta. Não somos algo que existe *per se,* somos uma função desses valores que outorgamos à totalidade de possibilidades que nossos sentidos nos permitem conhecer. A religião é, nesse sentido, a maximização desses "valores" porque os projeta não apenas como o querer e a demanda do próprio indivíduo, mas, o querer absoluto, a demanda definitiva, que tem o sujeito não no Eu, mas no Deus.

Entender valores é fundamental para entender o "ser" e, ao mesmo tempo, delineia as fronteiras do "ter e não ter". Só se valora aquilo que se pode "ter" por meio da sagrada decisão sobre o que não ter.

Valor e valores

A EXISTÊNCIA É UMA FUNÇÃO não apenas das demandas que percebemos em nosso corpo, mas da capacidade de adequar essas demandas às disponibilidades, às ofertas, do mundo exterior a nós. Se o desejo do macaco por banana fosse absoluto, o valor da banana lhe seria absoluto, total, mas a motivação por banana pode ser substituída por outras formas de alimento. A disponibilidade da realidade será determinante na escolha de "ter e não ter", isso porque uma das definições de "valor" é a quantidade de trabalho ou esforço necessário para se realizar um desejo. A quantidade de sacrifício ou de renúncia que se interpõe entre o indivíduo e sua demanda determina o valor ou o que "se quer ter ou não se quer ter".

Se algo tem um custo excessivo diante de minha demanda, é algo que eu "não quero ter". Esse custo determina que meu desejo inicial por "ter" se faça mais bem representado pela decisão de "não ter", ou seja, o valor é a contraposição constante daquilo que não se quer ter e que o impulso inicial, desconectado do mundo externo, nos queria fazer ter. O valor é a relação entre "ter e não ter" que coloca o indivíduo na fronteira entre seu mundo interno e o mundo externo. É, portanto, a administração econômica de si no seu sentido mais amplo para um ser humano e se traduz nas relações de custo e benefício em todas as quatro esferas de nossa percepção.

A mesma natureza dos critérios de utilidade e escassez que determinam valores no mundo físico existirá também nos mundos emocional, intelectual e espiritual. A tentativa de precisar os valores puramente subjetivos e relacionais de "ter ou não ter" se estabelecerá nos quatro mundos, como iremos abordar adiante. Não só a carência física dará valor às "coisas" do mundo, mas também as carências emocionais, intelectuais e espirituais. As prioridades e as limitações da existência terão grande impacto sobre essas decisões do que ter e não ter. É na profundidade e precisão destas valorações que se manifestará a qualidade da experiência de "ser".

Quem é o indivíduo que ao término de sua vida se sente mais realizado na tarefa de administrá-la? É aquele que melhor foi capaz de estabelecer valores e que, portanto, mais se terá empenhado para ter certas coisas e para não ter outras.

Mas não apenas na contabilidade do final de nossas vidas esses valores determinam o sucesso ou não de nosso empreendimento. O próprio bem-estar está associado a essa relação bem cuidada de nossos valores com o mundo a nossa volta. A correlação entre bem-estar e honestidade é das mais profundas. Só dorme bem à noite quem foi honesto durante o dia. Essa honestidade nada tem a ver com a honestidade moral, mas com a honestidade para com seus valores – as relações que estabelecem o ser em meio a um ambiente.

É correto afirmar que a honestidade compreendida pela moral é retirada de valores reais que, ao contrário das experiências extraídas do próprio processo de existir, são uma forma de abstração.

As tradições espirituais costumam discernir essas escolhas entre um valor ou a satisfação imediata como a grande "tentação" (leia-se "questão") existencial. A tradição judaica indica uma nomenclatura específica a esta questão: o "impulso ao mal" e o "impulso ao bem". Por "mal" entenda-se o atendimento de uma demanda imediata em sacrifício de demandas maiores que normalmente têm a ver com recompensas de médio ou longo prazo. Toda vez que fazemos uma escolha por "ter" desvinculada de algum valor, estamos atendendo a um "impulso do mal". Esse impulso incorrerá em custos, sendo sempre o mais grave a falta de bem-estar. O mal, necessário enfatizar, não é uma medida absoluta, mas relacional do "ser" e do "ter". A origem de todo "impulso ao mal" é a própria necessidade, ou seja, a própria limitação ou carência, que é o combustível da existência.

Sem demandas, não temos lugar na existência. A experiência de se ter todas as necessidades saciadas na fonte de seu desejo é a própria definição da morte. A morte, mais do que qualquer coisa, é o cessar de necessidades de troca entre a entidade e o meio ambiente. O material físico continua essa troca, mas a condição orgânica que gerava demandas para preservar seu projeto organizado se desfaz. Não havendo mais possibilidades de "ter", não é possível "ser". O "impulso ao mal" é essa sagrada seiva das necessidades imediatas que se apresentam a um organismo. Não há como existir sem o "impulso ao mal", o que mostra a riqueza desse termo. Ele contém a dimensão relacional da existência porque aquilo que lhe é mais fundamental para sua construção contém o próprio elemento que lhe é destrutivo. Mas não poderia ser diferente em processos que são de equilíbrio. Sempre o veneno poderá se fazer antídoto e o remédio se fazer veneno. Para o equilíbrio, a carência e o excesso são igualmente tóxicos.

Já o "impulso ao bem" é produzido pela cultura. Quando pensamos na palavra "cultura", imaginamos um sistema externo a nós que nos impõe regras e direcionamentos. No entanto, esse sistema nasceu da própria experiência humana da existência. Poderíamos dizer que cada indivíduo constrói sua pequena cultura individual por meio do processo de experiência e do histórico de seu existir no mundo. Ao experimentarmos nossa relação com o mundo por meio do "impulso ao mal", começamos a entender de que forma ele é eficiente ou não na promoção da vida. A cultura coletiva e a experiência pessoal ajudam a lapidar o "impulso ao mal" em um "impulso ao bem" com o único objetivo de ampliar nossa eficiência no mundo e nos trazer mais bem-estar. Esse lapidar de um impulso ao mal em um impulso ao bem é o que identificamos como valor.

Não existem "impulsos ao bem" *per se*. Esses impulsos são sempre "impulsos ao mal" trabalhados pelo valor. Melhor, não existe o "bem" *per se*. Aquilo que pode ser um "bem" (algo bom à existência) é por natureza algo que se pode "ter" seguindo-se as direções do valor. Sem valor não há "bem". Os seus "bens" serão sempre impulsos ao mal que foram lapidados ao bem. Sem esse processo de depuração, o impulso ao mal produzirá "males" que, mais cedo ou mais tarde, exercerão seus custos.

A vida é, portanto, um processo de gestão. Nela cabem não só as ações por sobrevivência, mas também as estratégias para sobreviver a uma vida tão plena quanto possa ser e que inclui também a sua continuidade por novas gerações. O bem-estar é produzido por essas três componentes – sobrevivência, plenitude (paz) e continuidade – e não é alcançável sem a mediação dos valores.

As fases da posse

DIZ O DITADO IÍDICHE que nascemos com a mão fechada e morremos com a mão aberta. O processo de vida começa com o apego máximo e deveria culminar no apego mínimo. Não há dúvida de que a experiência física da vida é ter-se um corpo. E é com esse corpo o nosso compromisso de protegê-lo e cuidá-lo para que não o percamos. Ter-se é o valor máximo da vida.

Esse valor, no entanto, decresce com o passar do tempo. Se eu tenho um contrato que perdura 10 anos e pago luvas por ele, à medida que o tempo passa essas luvas ficam menos valiosas. Às vésperas de seu término, seu valor inexiste. O mesmo acontece com a posse de nosso corpo. Na juventude o corpo tem um valor incalculável porque seu potencial está maximizado. Até mesmo os objetos, que são muitas vezes compreendidos como extensões do próprio "eu" de uma criança, assumem valores estratosféricos. Costumamos rir de uma criança que fica inconsolável por não ver atendido seu desejo por um determinado objeto. Seu luto é tão profundo como o de alguém que perde o ente mais querido. Na verdade seu consolo só será alcançado da mesma forma que é alcançado por um adulto enlutado, ou seja, quando a vida lhe apresentar uma nova proposta de possibilidades que lhe faça esquecer a perda experimentada.

Na verdade a criança nos ensina que o valor subjetivo de um objeto só pode ser objetivado na troca por outro objeto. Nas tenras idades esses objetos são necessariamente outros objetos, outras coisas físicas que possam mediar a perda. Não ter uma coisa só é concebível pela obtenção de outra coisa. O "não ter" é uma troca por aquilo que substitui o que se queria ter. Qualquer outra coisa é insuportável.

A criança intuitivamente começa a valorar as coisas por sua utilidade e também por sua escassez. O que você quer de presente de aniversário? Roupa ou brinquedo? Para a grande maioria das crianças, a utilidade está no brinquedo, que lhe é mais atrativo. Ou se num parquinho forem poucos os balanços disponíveis e outros brinquedos abundarem, não é raro vermos a disputa e a choradeira por conta de se querer a mesma coisa – o escasso. Tal como no mundo dos valores adultos, a raridade será um parâmetro para a posse e seus valores.

Esses conceitos do valor vão se desenvolvendo com nosso crescimento. A inteligência vai reconhecendo os parâmetros daquilo que tem valor. Quanto trabalho dará se eu não fizer isso? Quanto vai me custar em tempo, chateação ou perdas se eu fizer isso ou não fizer aquilo? Esses designs vão rapidamente se configurando em nosso cérebro a tal ponto que, em dado momento, o próprio cérebro se fará um órgão que discerne valores. Toda a inteligência se constitui em formular valores. Quanto mais abstrato, quanto mais complexa a sua capacidade de entender em seus prazos curto, médio e longo os "custos e benefícios", ou seja, os valores, mais inteligente e mais eficiente será um indivíduo.

Diz a Ética dos Ancestrais* que existem quatro tipos de indivíduos. "(1) O que diz: o que é meu, é meu e o que é teu, é meu

---

* Ética dos Ancestrais *(Pirkei Avot):* Tratado da Mishná que contém ensinamentos de rabinos e mestres, escrito há cerca de dois mil anos.

– este é o mau. (2) O que diz: o que é meu, é meu e o que é teu, é teu (alguns dizem que esta era a prática em Sodoma). (3) O que diz: o que é meu, é teu e o que é teu, é meu – este é o filósofo. E (4) o que diz: o que é meu, é teu e o que é teu, é teu – este é o devoto."

Ousaria dizer que não são quatro distintos indivíduos, mas quatro estágios do desenvolvimento humano de um mesmo indivíduo. Iniciamos na dimensão física conquistando todos os nossos atributos físicos. Ganhamos maestria sobre o uso dos membros, da coordenação e mesmo da mente em seu funcionamento físico. Aprendemos a nos lembrar e a armazenar informações que nos serão úteis. Crescemos e assumimos nossa forma física maximizada entre a infância e a puberdade. Esse é o período físico que é concluído pelo amadurecimento do aparato sexual, o que condiciona nosso sentimento de plenitude não só ao domínio de nosso próprio corpo como também à capacidade de perpetuá-lo pela reprodução. É a etapa na qual o aspecto principal da posse é ter coisas.

O segundo momento do desenvolvimento humano é o momento emocional. O amor será o elemento preponderante. Traduzir o amor recebido no amor que será ofertado, transladando as coordenadas paternas e maternas para as coordenadas do cônjuge ou do amante, será a essência deste momento. A posse terá características próprias dessa fase. Se a etapa física tem seu apogeu no florescimento de um pênis ou de uma vagina-útero, a etapa emocional culmina na descoberta de um coração que ama e que é capaz de assumir os compromissos necessários para a fase amorosa de conceber, gerar e cuidar sua continuidade. O amante, que é aprendiz da paternidade ou da maternidade, vive e se nutre do coração. É a etapa na qual o aspecto principal da posse é "ter" outras pessoas.

A terceira etapa desse desenvolvimento é mental. Se a vida até agora se explicitava no físico que delineava o corpo – o texto da existência – e logo depois no emocional que delineava os vínculos – o contexto da existência –, a fase de maturação humana leva ao mundo dos símbolos e do sentido abstrato. O mundo intelectual ou filosófico é um mundo onde a virilidade física e a vitalidade emocional não podem dar conta dos valores desta fase. Nela, a posse adquire contornos distintos. Nesta etapa se sobressaem os valores que apontam não tanto para um corpo que se tem, mas para um corpo que não se terá. O aspecto fundamental da posse nesta etapa é "ter-se" a singularidade de fazer a diferença. É a sensação de que nossas vidas têm um sentido.

Quanto à quarta e última fase, nela preponderam os valores espirituais. Esses valores são os limítrofes de um corpo que não se terá. A utilidade e a escassez que delineiam os valores em outras etapas da vida aqui terão características menos físicas, menos emocionais e menos filosóficas. Esses valores, que não serão mais estabelecidos por aquilo que vale a pena, são de grande estranheza para aqueles que em outras fases objetivam valor pela estimação comparativa a outras coisas ou objetos. Nessa derradeira etapa a posse se caracteriza por aquilo que "não se tem".

Cada fase dessas tem uma relação com sua pergunta fundamental: "Ter ou não Ter?" Verificaremos as diferentes "questões" de ter ou não ter em cada uma delas.

CAPÍTULO I

Esfera física

Ter ou não ter? – esta é a frague *(pergunta)!*

O QUE É MEU, É MEU – O QUE É TEU, É MEU

Nossas vidas começam com perguntas muito claras acerca dos limites de nós mesmos. Quem somos nós? Onde eu começo e onde eu termino?

O nascimento é, sem dúvida, o ato de individualização. Até o parto, que nos parte de um outro todo, desconhecíamos a necessidade de definir o que é o "eu". Esse período se caracteriza pelo esforço do cérebro por executar incríveis tarefas de autoajuste. Para poder enxergar, o cérebro terá que interpretar imagens colhidas pelos olhos e terá que organizá-las de acordo com padrões que ele mesmo possa distinguir. A escuta também será construída, para além dos estímulos do tímpano, pela capacidade de entender certas configurações e padrões que nos farão decifrar estruturas do mundo externo relativas aos sons.

Essas interpretações, que nos sensibilizam por intermédio dos instrumentos de nossos sentidos, são formadas nesses estágios iniciais da vida e nos acompanharão por toda a sua duração.

Contudo, entre todas as tarefas de formatação à vida, a mais complexa será aquela que desenvolve um senso de si, uma fronteira para si e uma representação nítida do corpo e da individualidade sob a gestão de nosso cérebro. Para o cérebro, assim como a luz ensina a enxergar e os sons a escutar, é o ter e o não ter que ensina o nosso tamanho no mundo.

Esse tamanho estabelecido na fase da infância nos acompanhará para o resto da vida. Podemos otimizar certos aspectos de "nosso tamanho" por meio de profundas terapias de reajuste de nosso olhar sobre nós mesmos, mas será bastante difícil redimensionar o tamanho do "eu" que se configura nos primeiros tratos com o mundo a nossa volta.

Na dimensão física, ou no estágio inicial de nossa vida, a competitividade é essencial e não há valor maior do que "o meu é meu e o teu é meu". Costumamos julgar essa atitude como imprópria e socialmente inaceitável, mas nessa fase ela é a única atitude moral possível que contém valor. Crianças que venham a ser tolhidas nessa conquista do "ter" podem se fazer profundamente desajustadas e invejosas daquilo que para sempre lhes parecerá ter sido uma posse não reivindicada.

Esse é o período de profundo encantamento e namoro com nosso "impulso ao mal". Esse impulso que nos faz querer coisas é essencial e insubstituível à sobrevivência. É o momento único em que o desejo imediato e os valores se confundem. Atender às demandas do corpo é aprender a ser e esse saber será para a vida toda. Tome tudo que está ao seu alcance e exerça a sua mão fechada do nascimento. Essa será a única maneira de conhecer o mundo a sua volta, o mundo que lhe ensinará que há certas coisas que você não quer ter. Cabe ao mundo, e não à moral, ensinar o que se quer ter e o que não se quer ter. Será num empurrão mais forte de um amiguinho que resiste a lhe dar o seu pirulito que você conhecerá limites ao desejo de ter. São limites que emanam dos próprios limites de nosso ser e nos serão fundamentais no estabelecimento da experiência de ser.

É aqui que conhecemos o sentido da posse. A posse existe. Ela não é, como vemos retratada na moral, algo que não podemos levar deste mundo. Essa posse que nos dá tamanho nessa etapa inicial da vida é tudo o que levaremos à cova. E aquele que não experimentou profundamente os limites do que queria ter tido carregará para toda a vida fantasias de usurpar posses que não foram exercidas. Serão os cleptomaníacos assumidos ou não e que sempre quererão tomar algo para si, sem entender a origem dessa compulsão. Terá a ver com tamanhos não consumados, com aspectos de nossa visão do próprio corpo físico que não se estabeleceu por completo. São patologias do ser, originárias de disfunções na faculdade do ter.

Entre essas disfunções estão o mimo e o abuso. A criança mimada pelos pais é privada da experiência de conhecer seu tamanho e sua relação com a posse lhe parecerá emanar de um direito universal de ser um "queridinho". Não terá tido a oportunidade de experimentar "o que é meu, é meu e o que é teu, é meu", ao contrário, conhecerá apenas o conceito de o que há é meu. O limite do outro e o conceito de "teu" ficarão distorcidos e, consequentemente, o conhecimento de seu tamanho. Seu impulso ao mal terá se tornado exagerado e representará um desequilíbrio no qual o excesso de desejos imediatos saciados pelos pais dificultará o estabelecimento de valores para com o mundo.

Por sua vez, a criança que sofre toda a forma de abusos, de tolhimentos violentos que lhe impedem de ter, não conhece "o que é meu é meu" e desenvolve apenas um tamanho de si que diz respeito a "o que é teu é meu". Não basta tirar o pirulito do outro para conhecer seu tamanho, é necessário saber que também há pirulitos destinados a nós além daqueles que podem ser retirados do amiguinho. Há sempre uma medida na natureza onde somos cuidados e que produz em nós um senso de merecimento, sem o qual a possibilidade de posse e a experiência do ser fica comprometida.

A plena posse não é uma obsessão, mas, ao contrário, é um estado relacional que impossibilita desvios dessa ordem. Brincar com o seu carrinho ou sua boneca que você não empresta a ninguém é uma experiência mágica que delineia nossa existência. Quem dirá que não guarda incríveis memórias dessas experiências, quando um presente pode resumir a mais profunda sensação de ser, de configurar um tamanho? O objeto final de possuir é possuir a si mesmo.

Serão, no entanto, as derrotas – os teus que não se fazem meus – que nos iniciam aos valores. Gostaríamos que não houvesse custos no mundo, apenas benefícios. A vida, porém, pertence a outra esfera, à esfera dos valores que se estabelecem nas trocas e interações. A vida significa que sempre haverá "meu" e sempre haverá "teu". A fusão do teu no meu não determina tamanho, e não há corpo sem tamanho. O tamanho é até onde posso ser, até onde o mundo externo me deixa ser.

Esta é a potencialidade maior da dimensão física – ocupar e disponibilizar para si. Tudo o que é belo no físico são atributos constituídos para possuir. A musculosidade, a destreza, a agilidade e tudo mais que possa tornar um físico belo está atrelado à aptidão de ter e de obter. O ser físico é uma função direta do ter. Esperar outra forma de manifestação do mundo físico é não compreendê-lo.

A grande "questão" do mundo físico é uma *frague* – uma pergunta, ou seja, é a simples coleta de informações sobre o que é meu e o que pode se fazer meu. Essas perguntas se dão no universo da descoberta do uso das coisas e das pessoas. Tomar posse de objetos e pessoas significa a possibilidade de usufruir benefícios e prazeres, mas esses prazeres são limitados ao que determina valor. São limitados externamente pela competitividade e são limitados internamente pela dinâmica e as idiossincrasias da gratificação que a posse e a propriedade podem oferecer.

Na esfera externa, as perguntas coletam informação sobre até onde se pode tomar para si. Até onde o mundo externo me deixa apropriar e, se não me deixa, até onde consigo exercer com meu aliado maior, o impulso ao mal, meu desejo do momento. Os primeiros valores se darão cruamente por essa incapacidade de tirar o pirulito do amiguinho. A pergunta por excelência é: Como mediar as impossibilidades e negociar com este mundo externo da melhor maneira possível?

Na esfera interna as perguntas são averiguações sobre o próprio prazer. A posse possibilita também conhecer as características do próprio ser. Não conhecemos a extensão do prazer que objetos ou mesmo pessoas podem oferecer e essa averiguação é reveladora sobre o ser. Vamos, assim, descobrindo que temos necessidades tanto de variedade e mudança como também de familiaridade. As coisas nos entediam e se esgotam no uso e há gratificação no novo. O brinquedo apossado oferece um breve senso de bem-estar e rapidamente se desvaloriza em sua familiaridade. Por outro lado, há coisas familiares, tais como o ursinho com o qual dormimos, nossos objetos "transicionais", que têm valor justamente por sua constância e permanência. As pessoas para o mundo físico são objetos – objetos de amor, objetos de segurança. As mesmas leis do familiar e do novo se aplicarão a elas, por isso, as pessoas percebem na criança uma crueldade típica daquele que mapeia com seu "impulso ao mal" a maximização de si mesmo. Esse não é um processo bom ou mal, é simplesmente a tentativa de realizar a tarefa de ser.

Por isso é importante entender o que é uma *frague* – uma pergunta. Ser neste mundo significa configurar nosso organismo para lidar com as instabilidades externas e internas. O cérebro, em sua vigorosa atividade, comissiona o próprio corpo e o envia a uma fantástica expedição à cata de informações. Estas são as questões: Como eu funciono? Como o mundo funciona? Como coordenar esses funcionamentos?

A *frague* é produzida por uma inteligência que não é meramente cerebral, mas orgânica e existencial. Tudo que funciona como uma estrutura, como uma vida, contém essa inteligência de tentar adequar e adaptar instabilidades externas e internas. Como nossas necessidades parecem ser unicamente por coisas e o mundo parece ser constituído por coisas nos lançamos numa árdua tarefa de experimentá-lo e dar-lhe valores.

Sem essas *fragues,* sem essas perguntas, não podemos ser. E essas *fragues* são todas elaboradas em torno das questões do que posso ter e do que não posso ter. Entenda-se que as "questões" do ser como "perguntas" dizem respeito à instalação, à configuração inicial de um ser humano. Sua inteligência orgânica implícita em sua própria estrutura permitirá que o indivíduo se instale no mundo tentando otimizar a si próprio. Nesse processo ele se conhece e experimenta "ser".

CAPÍTULO II

Esfera emocional

Ter ou não ter? – esta é a shaila *(ambivalência)!*

O QUE É MEU, É MEU – O QUE É TEU, É TEU

Esta é a esfera onde se sobressai o aspecto emocional. É óbvio que aspectos emocionais estão presentes em todas as fases da vida, em particular na infância, quando nos condicionam profundamente por toda a existência. Mas se por um lado as manifestações nos quatro mundos – físico, emocional, intelectual e espiritual – se fazem presentes sempre, em fases específicas, algum deles se sobressai como predominante em nossa interação com o mundo.

A modificação corporal e o amadurecimento do organismo irão determinar modificações nas relações com as coisas e também com aquilo que desejamos obter e tomar posse nesse período específico da vida. A puberdade e a maturação da sexualidade representarão esta nova etapa corporal e com ela uma nova relação com o que se quer ter e o que não se quer ter. Serão sempre as transformações corporais que anunciarão o início de uma nova fase. O corpo é a base na qual se constroem todas as faculdades e experiências da vida.

E é justamente por conta dessas transformações corporais que engendram uma nova natureza de questões que surgem as *shailas*, as ambivalências. Nosso querer se modificará gradualmente e a posse terá contornos distintos da fase anterior. Para melhor compreender as características desta fase onde o foco se concentra na atividade emocional, façamos uso de uma parábola de Reb Nachman de Bratslav:*

Porque certa vez um rei desejou uma princesa e ele então se esforçou e fez estratégias para seduzi-la, até que ele a conseguiu. E ela então ficou com ele. Certa vez o rei sonhou que a princesa se posicionou contra ele e o matou. E então ele acordou. E o sonho lhe entrou muito no coração. Então ele chamou todos os intérpretes de sonhos. E eles lhe interpretaram conforme o seu significado mais simples, que o sonho se realizaria segundo o seu significado simples, de que ela o mataria. Então o rei não sabia o que fazer com ela. Matá-la o faria sofrer, mas se a expulsasse outro a tomaria e isso o irritaria muito, pois ele tanto se esforçara por ela e agora ela iria para outro e o sonho poderia se realizar, de que ela o mataria, pois ela estaria com outro. Então o rei não sabia o que fazer. Nesse ínterim, o amor que ele tinha por ela ia pouco a pouco se acabando por causa do sonho (ou seja, ele já não a amava assim como antes) e cada vez mais o amor ia se acabando. E assim com ela também o amor ia terminando cada vez mais, até que ela passou a ter ódio dele. Então ela fugiu dele. E o rei mandou que a procurassem. E chegaram a ele e lhe disseram que ela se encontrava no Castelo de Água, pois existe um Castelo de Água e lá existem dez muros, um mais interno do que o outro, e todos os dez muros são todos de água e o piso do castelo, onde se caminha sobre ele, também é de água e assim o jardim com as árvores e os frutos são todos de água. E a princesa que tinha fugido chegou até o Castelo de Água e ela caminhava lá ao redor do

* Reb Nachman ou Rebbe Nachman (1772-1810), bisneto de Israel ben Eliezer, o Baal Shem Tov, fundador do movimento hassídico. Red Nachman nasceu na Ucrânia e é um dos grandes mestres do movimento. Em seus ensinamentos, Reb Nachman reúne os segredos da Kabbalah e um profundo conhecimento de Torá.

Castelo de Água. E disseram ao rei que ela caminhava lá ao redor do Castelo de Água. Então o rei foi com seus soldados para capturá-la. Assim que a princesa viu isso pensou que pularia para dentro do castelo, pois ela preferia se afogar a ser capturada pelo rei e ficar com ele. E talvez ela se salvasse e ela poderia entrar no Castelo de Água.

Assim que o rei viu isso, que ela corria em direção à água, disse: "Já que é assim...", então ele ordenou que atirassem nela e se ela morresse, então morresse. Então atiraram nela. E atingiram-na todos os dez tipos de veneno e ela, a princesa, se jogou no Castelo de Água e ela penetrou nele e ela passou por todos os portões das muralhas de água, pois lá existem portões nas muralhas de água, e ela passou por todos os portões de todas as dez muralhas do Castelo de Água até que ela penetrou dentro do Castelo de Água e lá caiu e permaneceu enfraquecida.

Quem é essa princesa e quem é esse velho rei?

A princesa é a alma, ou o "ser" no seu sentido abstrato. O velho rei é o "impulso ao mal" ou o próprio desejo. Até um determinado momento de nossas vidas há um total encantamento com nossos desejos. Eles pautam a nossa existência. Na verdade eles sempre pautarão a nossa existência, mas não mais pela paixão ou pela entrega total que experimentamos na infância. A etapa de confiança total nos desejos vai sendo corroída pela própria experiência. Ao exercer a vida percebemos que aceder constantemente ao desejo não produz a eficácia e o bem-estar que desejamos. O desejo em sua sagrada manifestação de nos fazer querer e obter pode ser perigoso e destrutivo ao organismo que gerimos, ao ser.

Essa descoberta é chocante e desnorteante. Todas as "perguntas" *(frágues)* de nossa vida haviam sido respondidas e nosso ser formatado pelas informações obtidas nessa entrega aos desejos. Como conceber uma nova etapa de vida sem o direcionamento dessa mãe interna, desse instinto e dessa vontade, a qual identificamos como a fonte primordial de nossa sobrevivência?

Reb Nachman captura esse drama de forma brilhante. É o rei apaixonado e em posse de sua amada que tem um sonho-pesadelo. O pesadelo é justamente a ambivalência ou a existência de duas vontades conflitantes. No pesadelo o rei profetiza que a princesa (a alma, o ser) irá matá-lo no futuro. Essa traição é gradual e se estabelece na desilusão progressiva em relação ao querer que o meu seja meu e o teu também seja meu.

Essa diretriz que havia regido a vida até este momento vai se mostrando menos eficaz na tarefa de preservar o organismo. A inteligência adaptativa de nosso cérebro, ou talvez digamos de nosso ser, percebe no desejo uma mãe-amante perigosa e ao mesmo tempo profundamente querida. Está estabelecida uma ambivalência que irá ser a nova matriz das questões do ser e de sua forma de ter no mundo.

Na história é o desejo que vai percebendo sua gradativa substituição por uma nova diretriz. Essa percepção de que irão matá-lo é falsa e verdadeira. É falsa porque o desejo é insubstituível na interação entre o organismo e o mundo. Mas é verdadeira na medida em que há uma traição e o desejo terá que compartilhar sua amada com outro direcionamento. Esse compartilhar é inaceitável à natureza do desejo e, por conta disso, se estabelecerão ambivalências que obrigarão a princesa a fugir.

É este o momento em que o "impulso ao mal" se revela em toda a sua potência. Até então o desejo se confundia com o ser – era uma paixão. Mas o ser "foge" demonstrando-se maior e independentemente do desejo do momento. Há desejos para além do momento, desejos estranhos que não querem ter o que se quer ter. O desejo do momento – o impulso ao mal – resiste a essa traição e se sente ambíguo em relação à sua amada. Antes ela era também objeto absoluto de seu amor e disso se produzia muito bem (muitos bens!). Mas agora não é apenas o seu bem que lhe interessa, mas sua posse incondicional. O rei não se furtará em feri-la ou prejudicá-la em sua agenda que não é mais comum a ambos, mas pessoal, e a princesa percebe isso. O até então perfeito, viril e idealizado amante se mostra cruel e capaz de abusos. E a princesa, o ser, se protege... Protege-se de si mesmo.

Quão ambíguo!

Entendemos aqui a própria ambivalência do termo "impulso ao mal". Esse impulso é sagrado e diabólico ao mesmo tempo e não se poderá tratá-lo a não ser dessa forma ambígua. Qualquer outra tentativa de caracterizá-lo como santo ou como demoníaco separadamente não permitirá as *shailas* (questões/ambivalências) desta nova etapa. E dessas *shailas* é que se produz a sobrevivência e se exerce o ser. Não há como evitá-las. Se o desejo for santo, seremos prisioneiros de uma forma de vida destrutiva ou que nos oferece menos do que a vida pode nos ofertar. Afinal, "o que é meu é meu" significa que não estou disposto a viver menos. Não tenho a intenção de deixar para lá o que é meu. Mas, se, no entanto, a vida me oferece algo que não alcanço apenas com o querer de meu desejo imediato, então sinto muito, mas o rei será traído. Por outro lado, se o desejo for demonizando tudo o que foi formatado e configurado por ele, passará a ser um inimigo em nós mesmos e não teremos um ser para exercer. Iremos nos sentir perdidos e estaremos recusando o mais sagrado parâmetro de nosso ser, que é o desejo. Também estaremos, assim, abrindo mão do que é "meu" e isso é inconcebível.

A princesa foge. Essa é a característica maior desta etapa.

A princesa foge porque sabe que um "impulso" que não pode mais se fazer um senhor absoluto ou um amante exclusivo se torna um impulso em potencial ao mal. A princesa percebe com grande terror que não pode confiar unicamente em seu impulso. Traidora e culpada, a alma faz a única opção possível: a opção por si. Mas o que será a opção por si sem estar fusionada com o desejo?

Em seu conto, Reb Nachman usa a imagem de um castelo de águas sob o qual a alma-princesa se lança. Esse salto tão assustador que, de tanto em tanto, temos que realizar é um salto de fé. Para Reb Nachman o castelo de águas que salva a princesa é a Torá, as Escrituras, os direcionamentos dos valores. As águas representam a Torá, o mundo dos valores que fazem a mediação entre o desejo e sua potencialidade de se tornar um "impulso ao mal" com o intuito de salvaguardar o ser, ou talvez melhor, as águas representam a vida, a Árvore da Vida.

Toda a nossa experiência de ser está circunscrita na dimensão da Árvore da Sabedoria (que é também a do Bem e do Mal). Toda a construção do nosso ser se baseia na inteligência orgânica que vai estabelecendo registros de bem ou mal para as coisas do mundo. Todos os sentidos são construídos desses registros que contrapõem coisas com coisas e estabelecem critérios. Esses critérios se materializam em visão, em escuta, em odor ou em tato, mas de tanto em tanto temos que saltar num outro mundo, num vazio vivo de águas que não é mais orgânico, ou seja, sapiencial, mas feito de vida.

A sabedoria depende de um corpo, de um organismo. A vida independe. A vida tem outra agenda e fará uso desse corpo transformando-o para conformá-lo a essa agenda. Em outras palavras, "ser" não é o objeto final e veremos isso na última das esferas, na esfera espiritual.

Essa é a surpresa (sonho-pesadelo) de um indivíduo – é que nele há informações ou imperativos que irão transformá-lo e o corpo do qual emanam os desejos não mais será o mesmo por toda a existência.

É nesse momento que a princesa se lança no desconhecido vivo das águas, do palácio de águas. Esse palácio é o "impulso ao bem". Esse é o novo rei, distinto do rei velho. Adúltera e ambígua a alma-princesa terá dois amantes e terá que conciliá-los: um será por ora amante e o outro cônjuge e os papéis se inverterão dependendo do momento e ocasião.

Mas como pode a vida nos propor uma atitude adúltera e ambígua?

Essa, porém, parece ser a sua proposta, ou seja, ser infiel a ambos os seus amados e descumprir com modelos imutáveis do tipo "até que a morte os separe". A vida empurra e nos usa para além do ser. E nessa corrente voluptuosa o ser tem que encontrar formas de ser e de estabelecer sua identidade num corpo mutante.

Na história, a alma-princesa é resgatada no palácio das águas, mas não sem se deixar flechar por dez flechas e dez venenos. Cada um dos Dez Mandamentos de valor deixará máculas no ser e essas feridas serão feridas para a vida. Feridas que serão *shailas,* ambivalências. Mas essas ambivalências, em vez de nos abandonarem perdidos, serão elas que nos constituirão e serão elas que nos configurarão para uma nova etapa da vida. Novas posses se apresentam possíveis e nova forma de desejo híbrido não mais apenas calçado no corpo que diz "o que é meu, é meu e o que é teu, é meu", mas que vislumbra a necessidade de que o "teu seja teu".

TEU É TEU

Essa novidade na posse é fantástica. Conhecer o conceito de que o que é "teu é teu" revela uma nova ordem ao universo. O desejo continua querendo que o que é teu seja meu, mas o "impulso ao bem" expõe uma nova forma de necessidade. É uma necessidade distinta da experiência de não querer o brinquedo do amiguinho porque ele é mais forte e temer o custo de levar um empurrão. Esse desejo de "não ter" será novo porque tomará em consideração o desejo de um outro rompendo com a noção de posse que se esgotava unicamente no próprio indivíduo.

O desejo vai descobrindo que o mundo não só é composto por coisas, mas por coisas que também desejam. E para se ter posse de certas coisas que também desejam, temos que conjugar nossos desejos aos seus desejos. Essa é uma nova ordem da posse: para termos, devemos aceitar que os outros também tenham.

Essa, no entanto, não é uma atitude dadivosa e meritória da visão moral, mas uma adequação prática ao mundo a nossa volta. A moral e a cultura serão importantes instrumentos na construção de discursos e visões que favoreçam essa nova condição da posse. Mas não são elas que sustentam concretamente esse novo paradigma que surge na experiência do próprio indivíduo. Ninguém cumpre o que a lei diz somente porque ao seu descumprimento estão atreladas punições físicas ou psicológicas. Isso só pode funcionar em certas ocasiões e de forma muito limitada. Elas são cumpridas porque o indivíduo as compreende como importantes e favoráveis a ele. Há um discernimento moral, uma inteligência nova que ainda é orgânica, mas que extrapola o indivíduo em si.

Esse afeto, como bem diz a palavra, expressa aquilo que em você me afeta. Uma criança não amará seus pais deixando-os dormir mais para que estejam descansados. Qualquer tentativa de impor essas projeções morais sobre as crianças não reflete a experiência por elas vividas. A experiência afetiva tem seu foco no "meu é meu", mas num mundo onde mais e mais a componente do "teu" terá utilidade no exercício da posse.

O que é "teu é teu" é uma concessão para que se possa ter o outro. Já que o outro é um outro que também quer ter e se essa é uma condição inequívoca ao outro, então que ele tenha. Isso de forma alguma elimina o constante impulso de que o que seja teu seja meu. Mas eu o resisto de forma ambígua e conquisto o que é teu é teu como uma posse importante para o meu ser. Isso também não significa que tudo o que o outro deseja seja aceitável e passaremos boa parte ou a totalidade da vida tentando a posse de "coisas que desejam" sem aceitar-lhes a plenitude de seus desejos. Mas teremos que buscar um meio de harmonizar essas situações porque essas "coisas que desejam" irão se impor não abrindo mão de seu "o que é meu é meu".

O que é "teu é teu" estabelece a possibilidade do encontro.

Esses encontros são fundamentais porque deles advêm as parcerias e a coletividade, mas, mais que tudo, a possibilidade de eleger companheiros para projetos emocionais no qual se destaca obviamente a procriação. Para acasalar é necessário admitir que o que é "teu é teu". Mesmo nas culturas mais radicais que oferecem aos homens um poder abusivo e desmesurado, transformando as mulheres quase em objetos sem desejo próprio, mesmo assim há cortejo e o reconhecimento tácito de um espaço a ser ocupado por esse parceiro. O outro continua podendo ser tomado, possuído num estupro, mas o amor que permite a construção de um projeto de parceria terá que conhecer a doação.

Assim como para maximizar a posse se tenha que aprender a ter e também a não ter, para maximizar o "meu que é meu" tenho que aceitar que o que é "teu é teu". Essa é a inteligência emocional que permite os namoros que são o acasalamento de desejos de duas entidades que desejam. A incapacidade de acasalar esses desejos é uma forma de mau desenvolvimento, na qual um indivíduo tem limitações em otimizar o que é "meu é meu". Nessa dimensão, para se ter posse terá que se doar em algum nível. Terá que se abrir espaço além do habitual esforço por ganhar espaço. Com os filhos, esse ato de abrir espaço, de reconhecer necessidades externas a nós que nos importam, assume sua forma mais radical. Mas mesmo nessa situação ainda estamos diante do imperativo da posse. Será sempre um esforço evitar que os pais, em particular a mãe, se apossem de tal forma de seus filhos que não lhes permitam ter o que é seu. Mesmo nessa forma de amor, que se manifesta na abertura de espaço e na doação, se faz presente a ambivalência de querer se apossar.

Os pais amorosos, no entanto, saberão evitar essa posse infantil, física, e torná-la uma posse emocional onde tolerarão formas de "ter" que conflitam com as suas. O filho que não é médico e faz carreira na música pode desafiar as expectativas de posse de um de seus pais que sonhava com essa posse-conquista. Quanto maior a tolerância, maior a capacidade de experimentar a ambivalência emocional e mais amorosa será a figura do pai, do amante, do amigo ou do concidadão.

É importante reconhecer que no âmbito emocional a doação é sempre condicional. A incondicionalidade não é emocional porque o emocional pertence à dimensão do "o que é meu é meu e o teu é teu". Só existe a disposição de "teu ser teu" se o "meu for meu". Por isso o amor sempre compreenderá alguma forma de fidelidade. Pode ser a fidelidade mais branda possível, mas se não existir, não haverá vínculo e parceria. O amor incondicional não é emocional e, sim, de outra esfera, como veremos adiante. Essa incondicionalidade não pode ser estabelecida pela emoção porque, por definição, ela é uma troca. Na esfera emocional, amar o outro não basta sem alguma correspondência. O amor que pode admitir sacrifícios, às vezes da própria vida, ainda assim é circunscrito à expectativa de que algo do indivíduo seja mantido como seu.

Os traídos se sentem feridos por algo que era seu e que lhes é negado. A condição emocional é rompida porque o outro não foi capaz de cumprir com a contrapartida de que "o meu é meu". Quando nossa sociedade, por exemplo, se volta aos grandes modelos de relações abertas em que o amor se mostra destituído de alguma ordem de posse, veremos que não são expressões emocionais, mas pertinentes à dimensão intelectual. Não é de se surpreender que esses modelos são invariavelmente compostos por casais que pertencem à intelectualidade e se manifestam mais pela posse de "o meu é teu e o teu é meu", como também veremos adiante.

Se for emocional, compreenderá correspondência. É verdade que existem formas mais brandas de troca e nem todas as modalidades emocionais quererão constituir uma família ou compartilhar um apartamento. Essas modalidades poderão se valer de convenções diferentes e preservar certos aspectos de sua liberdade. Mas sejam quais forem, terão que ser recíprocas ao outro. É esse direito à reciprocidade que caracteriza o vínculo emocional. O quanto de "meu" houver, na mesma medida, tanto de "teu" deverá ser respeitado. Pode haver variações de comportamento, mas todas terão que respeitar essa reciprocidade; por exemplo, há os que não criam vínculos porque têm dificuldade de lidar com a ambivalência emocional e preferem ter posse total, física, pelo tempo que se fizer possível do outro, transformando-o num objeto sem desejo, um apropriado. Daí as novas gírias que falam de "ganhar" ou mesmo "ficar". São formas de definir relações com o mínimo possível de comprometimento emocional e que fazem do conceito de sexualidade ou do companheirismo uma comodidade física, de posse absoluta – "o meu é meu e o teu é meu". Tais opções representam graves impedimentos à posse verdadeira e tendem a se perder com facilidade.

Há também os que se contentam simplesmente com flertes e com a falsa sensação de que estão sempre abertos às oportunidades do momento. No entanto, sem algum nível de risco presente na ambivalência, na troca e no vínculo, jamais exercerão posse. Esses indivíduos incapazes de se descolar da esfera física experimentam os fetiches que são uma falsa sensação de posse. O fetiche tem por função evitar que o outro tenha posse; no entanto, negando-lhe ser outro, não se fará possível possuí-lo na esfera emocional.

Os novos valores do mundo emocional serão estabelecidos por equanimidade. O "tu" será esse outro que deixa de ser "isto" para ganhar o caráter equânime de ter direito de que o que é "teu é teu". O diálogo e as relações são fomentados por essa parceria. Todas as formas de famílias e de sociedades se constroem dessa maturidade na questão da posse.

Essa equidade exige uma fidelidade que é, em si, a grande traição ao "impulso ao mal". O velho rei sabe do perigo que é a constituição de contratos e expectativas que o reprimem e condenam seu desejo constante por uma posse sem concessões. O amor aos outros sempre se colocará em confrontação com o amor a nós mesmos. E amar é nunca abandonar essa ambivalência. Aqueles que se envolvem emocionalmente e delegam ao outro o seu desejo, seu "impulso ao mal", rompem com a possibilidade de posse emocional e a revertem à posse infantil, física, que tenta dar conta da ambivalência e neutralizá-la por autossacrifício. Essa modalidade de posse camuflada é apenas a reversão ao outro da posse infantil sobre si e representa um ato de capitulação e desistência que gera depressões e doenças. Sem se possuir, sem possuir, não se pode "ser" e dependendo do grau dessa interdição, se morre.

Amar é estar no limiar de trair a si ou o outro. É da correção e da adequação desses constantes e ínfimos atos de traição que se é emocionalmente. O "ser" está diretamente relacionado ao quanto se tem de si e do outro ambiguamente entrelaçado num vínculo que se faz entre dois organismos. Eles se usam mutuamente e se nutrem mutuamente. Não há como ser sem interação. O emocional é o casamento da alma com o rei velho e com o rei novo, com o impulso ao mal e ao bem. Nessa bigamia tensa e ambígua se experimentam as benesses de que "o meu seja meu e o teu seja teu".

É fundamental compreender que o mundo emocional é um mundo de valores ainda baseados inequivocamente no recebimento. Não é um mundo de doação como se costuma apregoar. Essa é a grande beleza e a vitalidade do mundo emocional. Mesmo com suas concessões, ainda assim é um mundo de posse e cuja característica principal é tomar. Tomar, mas não sem se ferir com dez flechas.

CAPÍTULO III

Esfera intelectual

Ter ou não ter? – esta é a kashia *(dúvida)!*

O QUE É MEU, É TEU – O QUE É TEU, É MEU

Com o passar do tempo, o maior potencial do ser se transfere do físico para o emocional e do emocional para o intelectual. A cabeça, e sua faculdade mental, será o mais viril dos aspectos orgânicos do ser humano. A capacidade de distinguir designs no mundo e na realidade a sua volta capacita, através da experiência de vida, um potencial que se sobressai nesta nova etapa. É óbvio que o mental está presente em todas as outras etapas, assim como o físico, o emocional e o espiritual, mas sua maturação acaba por ditar a tendência do momento e outorga à mente uma enorme influência.

Não se trata de racionalidade; ao contrário, esses designs são, na maioria das vezes, desafios e a contramão da racionalidade. O filósofo não é racional porque seu interesse e estudo são as descontinuidades da racionalidade e as arestas entre as estruturas mentais, as concepções e a realidade. Onde o pensar e o mundo não se encaixam, ali se encontra o ser. Ali se encontram as distorções que se originam na experiência do ser.

Essa talvez seja uma questão exuberante da existência. Sempre que existirem ilusões, ou seja, discrepâncias entre visão e realidade, entre versão e fato, haverá vida, haverá a experiência de ser. As ilusões são a prova maior da existência e de que naquele lugar do universo ocorre o fenômeno do desejo de demandas orgânicas que priorizam o seu querer e a sua posse à realidade do meio externo. A vida é o lócus possível da ilusão. E apesar de a ilusão ser uma deformação, tal como ficam perturbados ou deformados o espaço-tempo com a presença de um corpo, é nela que se manifesta a experiência de "ser". Esses desejos de "ter" que geram ilusões são o reverso da mesma moeda de se poder experimentar "ser".

Essa é a função de qualquer terapia: ajudar a gerir a diversidade de experiências do paciente, ajudando-o a perceber suas ilusões e a deformação ao seu redor. O que era "meu" e não se fez "meu", as famosas injustiças, só são determinadas por esse lugar onde há vida. A posse, ou melhor, o desejo de posse, é a única prova consistente da vida. Onde não há esse desejo não há organismo, não há vida. A vida se define pela posse e nenhuma outra categoria diz respeito única e exclusivamente à vida.

E o local supremo das ilusões é o mental. É ele que dá suporte às ilusões humanas. E é esta a sua função maior na sobrevivência: gerar uma plataforma política e estratégica para a vida. Não é à toa que esses designs mentais tentarão elaborar a noção de justiça. A justiça é a moldura necessária para expressar minhas demandas para com a vida e legitimar meu direito à posse. Para tal, o mental estará sempre tendo que responder não só às perguntas geradas pelas demandas de posse como também pelas ambivalências emocionais relativas à posse.

É nessa dimensão mental que grande parte das posses que experimentamos acontece. Encontramos uma vasta literatura moral sobre a ilusão da posse. Nela se diz que não existe posse e que tudo pertence a D'us e que somos apenas inquilinos, usuários temporários, sem direito a qualquer posse sobre qualquer coisa deste universo. Essa moral, por mais que represente uma forma de correção das ilusões que produzimos para melhor adequar o "ser" a seu mundo, não pode ser tomada de forma absoluta. Extermine as ilusões causadas pela existência e se perderá o "ser". O "ser" é a causa dessas ilusões. Lapidar essas ilusões para que possam gerar o maior bem-estar possível e que não inviabilizem a existência num meio ambiente real, não ilusório, é essencial. Mas exterminar, dar conta integralmente dessas ilusões, é aniquilar o "ser". A convenção universal para determinar a morte tem sido o cessar da atividade mental, a chamada "morte cerebral". Ousaria dizer que a definição de morte é a incapacidade de gerar ilusões, ou seja, distorções geradas pelo desejo para si, pelo desejo de "ter".

Enquanto o mundo físico manifesta "o meu é meu e o teu é meu", enquanto o mundo emocional tenta harmonizar "o meu é meu e o teu é teu", o mundo mental, intelectual, faz estranhas incursões na possibilidade abstrata de que "o meu é teu e o teu é meu". O dito Mercado e os investimentos que misturam de forma extremamente complexa e ilusória as posses é da competência mental. Entender esse intrincado emaranhado da posse na dimensão mental é desvendar uma importante componente da experiência do ser em relação ao ter.

Até agora a posse estava circunscrita ao tempo presente. Os desejos de posse na esfera física e emocional são sempre presentes. O desejo é uma manifestação do momento, seja material ou emocional. Não há outro tempo. Os desejos físico e emocional são concretos porque se expressam no momento e podem ser saciados no momento. Nenhum deles concebe a possibilidade de que "o meu seja teu". Essa proposta é conceitual, abstrata, e extrapola o momento. Agora só existe o concreto de algo ser "meu é meu", "teu é meu" ou, no máximo, "teu é teu". Conceber qualquer sentido a "meu é teu" não é possível no momento, mas na projeção sobre o futuro.

Na verdade, o mental é a invenção do futuro. O futuro nada mais é do que algo conceitual, um tabuleiro onde se fazem prospecções e análises tentando antecipar os acontecimentos vindouros. É neste lugar virtual que se processa a escolha capaz de conceber que o "meu seja teu".

O MEU É TEU E O TEU É MEU

O tempo presente é incapaz de abrir mão do que é "meu é meu". O máximo que o presente permite, na esfera emocional, é aceitar que o "teu é teu". Na esfera física sempre tudo terá que ser "meu", seja o meu ou o teu. É verdade que não conseguimos estabelecer nosso poder de posse sobre tudo. Deparamo-nos com o desejo do outro que se impõe e, ao proteger o que é seu, não nos permite posse sobre o dele. Mas mesmo que não a tenhamos, ainda assim continuamos na expectativa de que o "teu seja meu". Essa expectativa nunca é perdida mesmo que a força imponha algo diferente do que é o nosso desejo. O físico quer para si, sempre.

Quando concebemos que o "teu é teu", na esfera emocional, o fazemos para poder ter posse sobre o outro. Essa posse não é mais uma interação com algo estático, mas com outro ser humano, e pressupõe uma relação. Não seremos amados se não concedermos às demandas do outro. Essa compensação que permite ao outro "ter" como nós temos não é conceitual e não contém nenhum elemento de julgamento que perceba direitos ou merecimentos, mas uma simples simbiose na qual há uso para o outro, um outro que traz consigo seus próprios desejos.

O amor é uma percepção de dependência do outro e essa dependência obriga a aceitar que esse outro também quer que o "seu seja seu". Essa negociação será sempre ambígua porque proporá respeitar interesses para além de sua própria identidade ou pessoa, porém serão esses interesses ambíguos que permitirão a posse na esfera da emoção.

Na esfera mental surge uma possibilidade nova: a de que o "meu seja teu". Apesar de ser o primeiro elemento dativo, doador, na posse ele só ocorre diante da concessão de que o "teu seja meu". Impossível de ser concebida na arena da demanda do momento, a doação é uma possibilidade na troca e na solidariedade. Eu te dou se você me dá. Eu te empresto se você me empresta. Essa equidade estabelece a possibilidade de se abrir mão para que se possa "ter". É justamente no mental que se viabiliza o mercado de trocas. As trocas não são ambíguas porque são simétricas. As trocas estabelecem "dúvidas", como veremos adiante. Não há ambivalência na troca porque o "teu não é teu", é o meu que ficou sendo teu, porque o teu ficou sendo meu. O mental não tem que reconhecer o outro porque não precisa ter posse sobre ele, mas interage com o outro para ampliar sua posse.

O mental é paralelo ao físico numa instância mais sutil, assim como o espiritual é paralelo ao emocional, também numa instância mais sutil. O mental cria artifícios que lhe permitam uma posse maior, um investimento para além da posse imediata. O futuro é concebido por meio da faculdade mental de perceber as causas e consequências. A possibilidade de antecipar consequências nos municia com a possibilidade de construir modelos. São modelos criados também pela percepção de designs e que nos fazem ver que terei mais posse, de que mais será "meu", se momentaneamente eu fizer o meu, seu, para poder, mais adiante, fazer do seu, meu. Esse é o princípio dos juros e de toda a sorte de dividendos.

O objeto deste mundo é a concepção de uma posse maior e mais ampla que se produz na esfera mental. Não se trata aqui da posse de algo nem da posse de alguém, mas da posse sobre possíveis posses, a posse necessária para atender demandas que ainda não existem. De alguma maneira o mental vislumbra a possibilidade de ter posse sobre a própria posse.

Por trás da ideia de que "o meu é teu e o teu é meu" está o desejo por segurança. Esse é o design que a inteligência orgânica percebe na possibilidade do futuro. Se a posse estava até a construção de jogos de futuro atrelada unicamente ao desejo do momento e à posse real de algo, agora ela pode se valer de uma posse virtual. Essa posse virtual não é o que quero agora, o "impulso ao mal", mas é o que posso vir a querer mais tarde. A segurança é o objeto da posse. Sua novidade é que não precisa mais se caracterizar pela necessidade de posse no momento, mas qualquer possível posse no futuro. Provavelmente essa é a condição orgânica que concebe o dinheiro. O dinheiro é a posse mental de algo de que ainda não necessito, ou melhor, a possibilidade de fazer a posse transcender a mera condição de estar configurada nas necessidades físicas.

Por isso o mental é um físico aprimorado, um físico com valor agregado. Se por físico representa-se tudo aquilo que tenho que gerir sobre mim mesmo, o mental inventa um físico maior sobre o qual se deveria administrar. Tratava-se de tudo o que o físico pudesse ter necessidade no momento acrescido de tudo o que pudesse vir a necessitar no futuro. Esse novo desejo de valor agregado não mais respondia por aquilo que quero agora, mas pelo que posso vir a querer. Essa nova relação com a posse não é mais ambígua porque retoma a "questão" para si, tendo no outro não um parceiro a ter seu desejo respeitado, mas o outro como objeto de maximização de minha posse.

O outro e o mercado que este estabelece comigo ampliam as possibilidades de posse. Não só porque por meio da solidariedade posso tomar dele para mim (teu é meu), o que por reciprocidade permite a ele tomar de mim (o meu é teu), como posso fazer uso da exploração e de forma desigual fazer o teu mais meu do que permitir o "meu ser teu".

Esse é o design que o orgânico mental percebe: tenho interesse no "meu é teu e teu é meu" porque posso obter as vantagens da segurança e da exploração. Ambas formas oferecem valor agregado à posse. Sim, é verdade que abre a porta para a possibilidade de eu ser o explorado, ou seja, que mais "meu seja teu" do que "teu seja meu". Não importa, o jogo ou a possibilidade de ganho, de agregar valor a minha posse, é atraente o suficiente para enfrentar o risco, afinal o orgânico está programado para buscar mesmo com risco, a melhor gerência de si.

Veja-se que essa atitude em si não é destrutiva, é orgânica. Querer explorar o outro é apenas a descoberta de que o outro não é apenas um objeto a ser possuído, mas o outro pode ser um produtor constante de outras posses para nós. E de certa maneira as sociedades são constituídas com esse objetivo, ou seja, de solidariedade ou exploração. É claro que a justificativa para a adesão a essas sociedades é apresentada pela perspectiva de solidariedade. O meu pode ser teu, se um dia o teu puder ser meu. Quando os idosos, por exemplo, se aposentam, alguns o fazem na condição de solidariedade, outros na qualidade de exploração. Por solidariedade estão os que trabalharam quando jovens para sustentar os idosos de seu tempo. Após terem feito "o meu ser teu", usufruem o "teu ser meu". Mas há a possibilidade de desigualdades e outros acabarem trabalhando mais ou por mais tempo, fazendo mais do "teu ser meu" do que o "meu ser teu". Essa proposta societária se inicia com o desejo de solidariedade e de exploração. Apenas quando terminamos na condição daqueles que têm que abrir mais mão do "meu" o que o outro faz ser "teu" é que reclamamos e questionamos a validade, o design desse jogo mental.

Há neste jogo, como dissemos, um retorno ao conceito físico, isso porque é como se "o meu é teu e o teu é meu" se fundamentasse no desejo oculto de que "o meu é meu e o teu é meu". Esse desejo físico nunca será suplantado. Ele estará sempre como fundo de nossa existência. Na dimensão emocional ele se apresentava e na dimensão mental também. Esse desejo não é imoral, é apenas orgânico. Será sempre em nome desse orgânico que nos faremos bons ou amorosos. Qualquer valoração de atos ou condutas será sempre em função de promover a causa do indivíduo e seu imperativo de gerir-se.

Não é na motivação que esse modelo gera "questões". Seu problema maior está no fato de que a posse projetada para o futuro pode não ser um desejo real. O dinheiro que guardo para me oferecer segurança ou para saciar um possível desejo futuro, nem sempre se realizará. E se minha necessidade não se fizer real, a razão orgânica de minha posse não existirá e terei tomado posse de algo que nunca se fará um bem. E tomar posse de algo que não se terá implica gravemente a estrutura do que é "meu". Qualquer esforço ou desperdício para obter algo que não terei é um atentado ao ser e rompe com a intrínseca relação entre ter e ser. Surgem as "dúvidas".

DÚVIDAS – *KASHIA*

A dúvida é muito diferente das questões e das ambivalências. A questão é posta pela própria vida. As decisões de avançar ou retroceder, de expandir ou contrair, de atacar ou fugir são reações a enunciados da própria vida. A sobrevivência exige essas decisões, mas não nos compete mais do que responder e reagir às situações que se colocam diante de nós. Mesmo as ambivalências não passam de um subgrupo das questões, e nelas se estabelecem contradições e complexidades, mas também elas lidam com respostas dentro da circunscrição daquilo que a vida nos apresenta. A dúvida, no entanto, é produto da incursão não só na solução dos problemas, mas na alteração de seus enunciados. O mental e sua virtualidade não apenas tomam as possibilidades reais diante de si, as "questões" que a vida apresenta, mas criam modelos e propõem novos problemas. "E se fosse assim ou assado?", pensa o humano. Mas se as coisas não são assim, por que se preocupar e produzir prospecção sobre condições que não existem? A resposta é que fazemos isso por conta da possibilidade de posse.

A grande tensão do Livro de Gênesis e da Árvore da Sabedoria da qual provam Adão e Eva não está em que venham a usufruir seu fruto para dar conta das questões e ambivalências da vida. A tensão está no fato de que mais do que soluções sábias a suas questões, os humanos viessem a se intrometer na própria Árvore da Vida questionando a sabedoria da própria Criação. Abandonando a condição de meras criaturas, quereriam se fazer críticos da própria Criação e se outorgariam o lugar de consultores ou até mesmo daqueles que poderiam com seu julgamento propor uma Criação melhor. Monteiro Lobato captura, em *A reforma da natureza*, o imaginário humano em sua capacidade de propor novos enunciados e querer que os problemas se fizessem flexíveis para se adequar a resoluções desejadas. Em vez de lidar com "imperfeições" é melhor modificar as demandas e as proposições e ampliar a possibilidade de perfeição.

Por isso o homem de hoje não se pergunta mais como curar doenças, mas se pergunta se será possível um dia extingui-las de todo. A engenharia genética não está mais pensando apenas nas fronteiras da cura, mas no fim do enunciado que propõe o envelhecimento e a morte. Enquanto as questões e as ambivalências se perguntam "Como?", "Quando?", "Onde?", "Qual?" ou "Posso?", as dúvidas se originam na ousadia da pergunta: "Por quê?" Quem determinou que os enunciados sejam estes diante de mim?

A determinação do espírito humano de se envolver com as estruturas, de especular sobre si e sobre sua condição como relativas e não absolutas, faz de si e do mundo um projeto aberto, tornando a individualidade e a realidade um mistério. Mas não há mistério no mundo. O mistério é a intercessão entre o desejo humano e a realidade; entre a expectativa de justiça e o destino.

E este é o drama do humano que se serve do fruto proibido: ele não tem como se honrar sem suas ilusões e sem o seu mistério. Assim, o ser humano se cercou de dúvidas sobre si e sobre o mundo. A mais popular das dúvidas se expressa sobre Deus – se existe ou não existe. Mas perceba-se o quão deslocada é esta "dúvida" que esconde a verdadeira angústia, ou seja, "eu existo ou não?". Qualquer prova da existência de Deus recorrerá à lógica da justiça e da ordem que normalmente favorecem a mim e minhas posses. Deus existe na medida em que meus desejos tenham prioridade à realidade. Em outras palavras, será que eu sou merecedor não só de soluções para minhas questões de vida, mas também de modificar os enunciados para melhor contemplar minhas demandas?

O mental produz as dúvidas, as *kashias*, e elas atormentam o nosso "ser ou não ser". E será que nós somos? E será que o mundo é? E será que o Criador criou? Todas as instâncias são relativas e as dúvidas passam a angustiar o senso de si. Quando desafiamos limites e fronteiras, não há mais um território demarcado e as indefinições ampliam seu potencial.

Por trás de todo este mundo de experiências está o mental e sua capacidade de abstrair e produzir modelos. A mesma faculdade que potencializa novas áreas de competência humana é também a que aprofunda incertezas e produz dúvidas. Elas geram novas perguntas que são estruturais. Não mais é a questão de onde encontrar comida, mas quanto comer. Não mais resolver seus problemas, mas por que não criar novos problemas. Não mais sobreviver ao destino, mas por que não questionar o destino. Não mais dar conta de mim, mas quem sou eu e por que sou desse jeito?

E isso se verifica particularmente na posse: O que pode ser meu que eu sequer necessite agora? A posse que até então era o controle momentâneo de algo necessário para minha sobrevivência, perde a sua limitação e se torna uma conquista infinita que supre minhas dúvidas e me dá uma individualidade. Não é mais relativa ao conjunto de necessidades do momento, mas do novo conjunto de tudo que o futuro pode gerar de demandas.

O mundo mental é capaz de valorar não só o presente, mas de tentar a incrível tarefa de valorar o futuro. Mas como se pode valorar sobre demandas que ainda não existem? Como atribuir preços ao futuro quando este não é real, mas uma construção virtual que substitui experiências imediatas por modelos? Isso só foi possível com o advento do dinheiro. O dinheiro produziu a possibilidade de se "ter" desvinculado da posse de algo real. O ser humano construía um poderoso instrumento de ampliar suas demandas na dimensão da posse que não eram mais apenas físicas e emocionais, mas mentais.

O dinheiro faria do que é meu seu e do que é seu meu porque não há objeto de posse no dinheiro, a não ser a virtualidade de tudo que ele pode vir a comprar e se tornar. Quando tenho uma nota de cem nas mãos, tenho o meu e o seu e você com sua outra nota de cem tem o seu e tem o meu. Ambos temos posse e ambos não a temos. E com isso as questões e as ambivalências se fazem dúvidas. As primeiras eram sobre a posse em si, agora dizem respeito ao sujeito da posse. Quem é esse que é capaz de "ter" o que não necessita? De onde emana a legitimidade e a razão da posse se a definição de sujeito se modifica? Qual o valor existencial e como a realidade pode acolher as soluções para as quais ainda não existem problemas? Há qualquer valor em enunciados que sejam construídos a partir de soluções? De ofertas para as quais ainda não há demanda? Essas são as dúvidas.

DINHEIRO – A POSSIBILIDADE DE TER NÃO TENDO

Até o advento do dinheiro, a posse era a soma total de todos os usos e proveitos de um objeto. A posse determina que ninguém pode fazer uso desse objeto sem o meu consentimento. Mas o dinheiro transforma o objeto desejado em um objeto econômico. Isso significa que as relações entre o dinheiro e as coisas reais não são acuradamente determinadas. Somente no momento em que o dinheiro quiser atender a uma demanda real do presente é que seu valor será colocado à prova. Por isso, o dinheiro retira da posse a substância e a torna uma função – a posse da posse. Por meio do dinheiro a posse pode assumir uma condição estática e não dinâmica, como estabelecem as trocas das possíveis ofertas para as demandas determinadas pela vida. Ele estabelece uma ruptura na dependência entre Ter e Ser, já que o Ter não está mais vinculado ao Ser de outro objeto nem ao Ser daquele que ainda não tem demanda à oferta que o dinheiro representa.

O dinheiro eleva a um nível de maior complexidade a ideia de "Impulso ao Mal". Como havíamos colocado, o Impulso ao Mal representava uma demanda que ficava desvinculada de um valor. Atender a uma demanda imediata sem conhecer além de seu bônus o seu ônus, sem saber os custos envolvidos, ou seja, o seu valor, era um Impulso ao Mal. A capacidade de adiar demandas imediatas por outras de maior valor era o Impulso ao Bem e a capacidade de trazer todos os valores – não só materiais e físicos, mas emocionais, éticos e espirituais – ao livre-arbítrio de "ter ou não ter". O dinheiro, no entanto, se transverte de valor, de que estamos abrindo mão de recompensas imediatas cujo preço não vale a pena sob a óptica do valor, quando ele em si se confunde com a posse. De certa forma, o dinheiro evita e burla a questão de "ter OU não ter", porque o dinheiro é uma forma de "ter E não ter".

O dinheiro consegue encarnar a dúvida de que só o mental é capaz de produzir. É uma dúvida sobre o próprio Ser que parece perder sua relação com o Ter. No entanto, seria muito ingênuo atribuir ao dinheiro, que é em si um meio, uma construção do humano em sua dimensão mental, qualquer responsabilidade. A corda, o martelo ou a arma não é responsável pelo que realiza. Há por trás um Ser que não é vítima do dinheiro, mas artífice deste. Assim sendo, todo o dinheiro e todo o Mercado Financeiro com sua complexidade crescente aí estão para expressar esta grande dúvida que provém do mundo mental. Se eu fizer do "meu teu" e você fizer do "teu meu" posso ampliar minhas posses? Mas se o "meu é teu" e o "teu é meu", se nossas posses se confundem para que eu possa ter mais posse, quem sou eu?

Essa é a mesma pergunta que nos fazemos quando o mental nos percebe em relação ao futuro. Nossa imagem e nossa experiência de ser nos campos físico e emocional é sempre presente. O mundo mental nos expõe a construções sobre o futuro e estabelece relações complexas sobre quem eu sou. E se eu fizer isso ou aquilo? E se o resultado for esse ou aquele? E se eu tiver ou se eu não tiver? E assim por diante. Mas, por contraditório que possa parecer, é justamente nesse sentido que o mental relaciona o Ser e o Ter. No mundo mental, "ser" não é uma experiência do momento, mas a complexa relação entre presente e futuro. Por essa perspectiva, o dinheiro se traduz como uma manifestação mental de posse. Não se trata de uma posse que tenha valor no momento presente, mas um valor que outorga ao futuro uma legitimidade tão verdadeira como a do momento na aferição de custos e benefícios. Nesse sentido, a segurança e a liquidez são posses mentais que atendem a demandas mentais tanto do presente como do futuro.

Vejamos que entre as posses de um ser humano moderno, em que o mental tem manifestações sociais e econômicas, se encontram os seguros e as aposentadorias. Eles se incluem na noção daquilo que possuímos e, como tais, como posses mentais, constam de nossas contabilidades e nossos inventários. As certezas e as garantias são formas de posses no mundo mental porque valorizam não só o presente, mas também suas especulações sobre o futuro. Reconhecem como "bens", portanto, não só o que tem uso no presente, mas também o que tem possível uso no futuro para demandas que existem apenas conceitualmente.

Qual é então a *kashia,* a dúvida, que o "ter" assume nesta dimensão mental? Ou melhor, qual é a dúvida que o "ter ou não ter" produz para a experiência de "ser" desta dimensão?

Um pequeno conto de Reb Nachman de Bratslav pode ajudar a aprofundar a intrincada relação entre o "ser" e o "ter", ou entre o que se quer "ter e não ter" no mundo mental e suas implicações para o "ser".

Conta-se sobre um Rei que adorava se vestir com trajes populares e fazer-se passar por um de seus súditos. Fazia isso para conhecer as pessoas mais comuns de seu reino.

Certa vez, o Rei se viu numa das áreas mais pobres da cidade e ouviu uma melodia a distância. Pensou: "Uma música num lugar de tanta pobreza, com certeza é um lamento."

Porém, ao se aproximar de onde vinha a melodia, percebeu que era uma cantiga alegre! Ela vinha do mais humilde barraco da rua.

Bateu na porta e perguntou: "Um estranho é bem-vindo aqui?"

De dentro uma voz disse: "Um estranho é um presente de Deus!"

Em meio à pouca luz o Rei viu um homem sentado costurando um sapato. E perguntou: "O que você faz?"

"Sou sapateiro", disse o homem.

"Você tem uma loja onde faz sapatos?", perguntou o Rei.

"Não, não tenho meios para ter uma loja. Pego minha caixa de ferramentas e vou para a calçada. Quando alguém precisa, faço consertos", disse o homem.

"E você consegue suficiente dinheiro para se manter?", arguiu o Rei.

O homem então falou humildemente: "Ganho a cada dia o suficiente apenas para o sustento daquele dia."

"Apenas o suficiente para um dia? Você não teme que um dia não tenha o suficiente e que vá ficar com fome?", comentou o Rei.

"Abençoado o Criador, dia a dia", disse o homem.

No dia seguinte o Rei decidiu colocar a filosofia de vida desse homem à prova. Proclamou então um édito de que todo sapateiro de beira de estrada deveria ter uma licença que custava 50 peças de ouro.

Naquela noite, retornou ao lugar da casa daquele homem e ouviu ao longe o sapateiro que cantarolava uma música ainda mais alegre. O Rei bateu na porta e logo comentou: "Meu amigo, soube do édito que proclamou o perverso Rei. Fiquei preocupado com você. Como você conseguiu comer hoje?"

"Fiquei chateado quando soube que não poderia mais ganhar meu sustento como sempre, porém eu sabia: 'Tenho o direito a me sustentar e encontrarei uma maneira de fazê-lo.' Enquanto pensava nisso, um grupo de pessoas passou por mim. Quando perguntei para onde iam, disseram que iam para a floresta recolher galhos e madeira.

"Todo dia eles saem e recolhem lenha. Quando perguntei se podia acompanhá-los, disseram: 'Há uma enorme floresta. Vamos juntos.'

"Recolhi galhos e, ao final do dia, pude vendê-los e ganhar o suficiente para me manter naquele dia."

O Rei, surpreso, exclamou: "Apenas para um dia? E amanhã? E a próxima semana?"

"Abençoado é o Eterno, dia a dia."

No dia seguinte o Rei retornou a seu trono e fez outra proclamação. Qualquer um que fosse visto catando galhos seria obrigado a servir à Guarda Real. E fez um adendo dizendo que os membros da guarda não seriam pagos pelo período de 40 dias.

Naquela noite o Rei retornou ao bairro pobre e, para sua surpresa, a melodia era ainda mais alegre. O Rei bateu na porta e perguntou: "Sapateiro, o que te sucedeu hoje?"

"Eles me fizeram ficar de prontidão o dia todo na Guarda Real. Deram-me então uma espada e uma bainha para colocá-la. Mas, então, me disseram que não seria pago por 40 dias!"

"Aposto que você pensou que deveria ter guardado algum dinheiro, meu amigo", disse o Rei, seguro.

"Deixe que lhe conte o que eu fiz: vi que a lâmina da espada devia valer algum dinheiro. Então retirei a lâmina da espada e coloquei junto do punho uma vara de madeira. Pensei: dentro da bainha ninguém poderá saber se é de metal ou madeira. Levei então para o ferreiro e este comprou o metal. Fiquei com dinheiro suficiente para sobreviver mais um dia."

O Rei ficou perturbado: "E o que você fará se amanhã houver uma inspeção nas espadas?"

O homem respondeu: "Abençoado o Criador, dia a dia."

No dia seguinte o sapateiro foi escolhido entre todos os soldados da Guarda Real pelo Rei. Sem ser reconhecido, disse o Rei: "Guarda, este homem diante de você cometeu um crime violento. Quero que o leve para a praça central e que ele seja decapitado neste momento."

O sapateiro tentou argumentar: "Perdão, Senhor, mas eu sou um homem de paz, eu não poderia tirar a vida de outra pessoa!"

"Se não fizer o que lhe digo, ambos serão mortos."

O pobre sapateiro foi levado trêmulo ao centro da praça, envolto pela multidão que se aglomerava para ver a execução. O sapateiro colocou a cabeça do prisioneiro sobre um toco de árvore e, com a mão na espada, fez menção de retirá-la. Voltando-se ao público, disse:

"Que Deus seja minha Testemunha. Não sou um assassino! Se esse homem for culpado das acusações que lhe imputam, que a espada seja como sempre, porém, se ele for inocente, que minha espada se transforme em madeira!"

Desembainhou a espada e as pessoas não podiam acreditar – a espada se transformara em madeira. O povo se prostou ao chão e reconheceu que um grande milagre havia ocorrido.

O Rei, que a tudo observava, veio até o sapateiro e tomando-o pelas mãos disse: "Eu sou o Rei e sou também aquele que te visitava todas as noites. Quero que venha viver comigo no palácio e que sejas um de meus conselheiros. Ensina-me, por favor, a viver assim – um dia a cada vez."

Essa história propõe o conceito de "um dia a cada vez" como sendo o reverso do significado do dinheiro. O Rei representa o Impulso ao Mal na dimensão mental. Aqui ele aparece de forma dissimulada como um mendigo e não como Rei. Porque no mundo físico e emocional o Impulso ao Mal está sempre estimulando o imediatismo e a gratificação imediata. Aqui ele propõe algo que parece ser o contrário. Ele questiona: "Você não deseja ter mais do que o sustento diário? Como é possível que não tenha ganas de mais?" Aparentemente está propondo que o sapateiro não seja imediatista. Se não precisa agora, talvez precise em outro momento. É melhor a ganância que assegura o futuro do que dar conta das demandas apenas do momento. O acumulo é o Impulso ao Bem, a capacidade de renunciar agora para usufruir depois. Mas essa é uma dissimulação do Impulso ao Mal na dimensão mental. O acúmulo não é necessariamente o "não ter" para ampliar a posse. Ele pode ser o falso "não ter" que aparentemente posterga a gratificação, mas que, na verdade, confunde o indivíduo e, em vez de promover a posse, a inviabiliza. Por outro lado, além de ser o Impulso ao Mal, o Rei representa a identidade em busca de si mesma. O Rei que deseja "aprender" com o sapateiro revela o sofrimento do Ser na busca de dar conta de sua incrível dúvida.

A dúvida tem seu epicentro nas possíveis demandas do amanhã, uma vez que o Ser não existe no futuro a não ser na condição de um "ser" mental. A condição de um rei transvertido ora em um mísero súdito – um não "ser" – e ora como Rei – um "ser" em toda a sua altivez – representa a busca por identidade. Ele inveja o sapateiro que, em sua dimensão física e emocional, é mais real que o Rei. A "irrealidade" do Rei é sua mais suprema "dúvida". "Sou ou não sou?", se pergunta o Rei, porque tem profundas dúvidas se "tem ou não tem".

A dúvida Real é bastante contundente. Ao não tomar decisões sobre querer ter algo ou não ter, o Rei gradualmente se afasta de um senso de si e se depara com sua insegurança e carência por identidade. Sem honrar sua dimensão mental, o Rei está constantemente com a impressão de que é um tolo e de que não usufrui toda a posse destinada a ele nesse mundo. Não usufruí-la trai seu mais profundo senso orgânico e desestabiliza sua experiência de "ser". Por outro lado, o mental escapa constantemente para proposições do tipo "dinheiro" e gera um senso de que não se está optando verdadeiramente a cada momento pelo que se quer e o que não se quer ter. Como vimos, o dinheiro pode ser uma falsa posse. Pode acontecer que no momento de satisfazer alguma demanda do presente se queira transformar o dinheiro em posse real e que ele não tenha valor suficiente para atendê-la. Essa insolvência é experimentada prioritariamente com o tempo presente, por ser esta a única coisa que o dinheiro não consegue adquirir. O esforço e o desperdício no acúmulo inócuo que é incapaz de se traduzir em demandas reais é desastroso. Essa é a razão de o Rei ficar tão incomodado com o sapateiro, porque se por um lado ele não tem os meios de assegurar o amanhã, por outro não consome nem desperdiça o hoje por conta dessa garantia.

O Rei acredita que tempo é dinheiro, e o sapateiro, que dinheiro é tempo.

O dinheiro pode trazer liberdade e tempo, mas não pode resgatar o momento específico presente que foi relegado pela busca de demandas do futuro. E essa é a dúvida maior. Se o mental consegue a proeza de produzir a experiência de "ser" no futuro, como saber se o Impulso ao Bem – o desejo de produzir "bens" – não é de forma dissimulada o próprio Impulso ao Mal?

A descoberta de que também o Impulso ao Mal – viver agora e não postergar – possa ser nessas circunstâncias o melhor investimento para ampliar a posse é a semente da confusão e da dúvida. Não é tão somente o imediatismo que se precipita e perde oportunidades de investir em posses maiores, mas também pode ser o próprio postergar de experiências de posse e de "ser" em dado momento. Essas experiências são irreproduzíveis e serão descartadas com o devir do tempo presente.

Quais são então os pesos e as medidas de se honrar aqui e agora – física e emocionalmente – ao mesmo tempo de honrar mentalmente as expectativas e as estratégias por ampliar posses?

A fábula da Formiga e da Cigarra, agora sem sua vestimenta moral, nos mostra em plenitude a dúvida da posse no mundo do mental. Ser formiga ou ser cigarra? – eis a questão. Ser Rei ou ser sapateiro? – eis a questão. Por questão, obviamente, leia-se dúvida.

Em meu caminho pelo mundo tenho encontrado tanto Reis buscando os segredos dos sapateiros como sapateiros infelizes porque não conseguem ser Reis. Um em busca do simples e o outro fugindo de ser um simplório. É que a história não nos conta sobre o que ocorreu mais adiante. Se o sapateiro aceitou a proposta do Rei e tornou-se seu braço direito ensinando-lhe a ser como ele, provavelmente também o pobre sapateiro acabou se tornando um Rei. Esse é o problema da dúvida – ela é uma dúvida. A moral utilizará as dúvidas ora para dizer que devemos ser sapateiros, ora para dizer que devemos ser Reis. Esse tamanho dos seres humanos não pode ser uma conquista definitiva, uma iluminação. Caso pudesse, seria o término da experiência de Ser. Nenhum de nós que para bem e para mal usufruímos o mundo mental poderá dar conta dessa dúvida; afinal, no mundo mental é nela que experimentamos o Ser.

Ser ou não ser no mundo mental é mais do que "ter ou não ter". Está talvez mais na sintonia do qual é o meu tamanho e qual não é. Já que o mental responde pela percepção conceitual, é nele que precisamos saber de nossos tamanhos, de nossos limites, para poder valorizar as coisas e Sermos. O futuro traz ao mental não só a experiência do "ser", mas do que se pode ser, porque a patologia possível do Rei é querer ser tudo (mais do que é ou pode ter) e a do sapateiro não ser todo o que é (ou tudo que pode ter).

Não há mais pictórica representação dessa dúvida do que a colocação rabínica de que devemos ter nos dois bolsos dois distintos bilhetes: um com a frase que *diz "tu és pó e ao pó retornarás"* e o outro com a frase *"para ti o mundo foi criado"*. Quando se dirigir a cada um desses bolsos é uma revelação do momento. Ser (ou não ser) não está em nenhum dos bolsos. Ser, mentalmente, está em ter os dois bolsos e a dúvida. Na experiência dessa dúvida é que somos. Os maiores do que são e os menores do que são sofrem de crises de identidade, crises de "ser". São crises de posse: do quanto de seu que não tomaram posse e do quanto que ao tomar posse deixaram de apossar-se de algo de maior valor. Talvez o que tenha tido valor maior foi seu próprio tempo. Se o "meu que é teu" não foi uma opção, mas uma desistência por conta de não saber meu tamanho, então não sou. Se o "teu que é meu" o é em proporções além do meu tamanho, então também não sou em meu potencial adequado.

Essa ideia no mundo físico seria absurda. O desperdício em seu conceito moral não existe para o mundo físico, isso porque o mundo do momento está circunscrito a demandas do presente. Não há como se perder atendendo demandas do presente e o pior que pode acontecer é não tê-las atendidas, ou seja, no presente só há questões e estas jamais assumirão a forma de uma dúvida. Nas questões do mundo físico o Rei e o sapateiro são um único personagem. No mundo mental, eles são nostálgicos um do outro.

O Rei não pode ser o modelo mental querendo "que o meu seja meu e o teu seja meu" tanto no presente como no futuro. Isso porque as proporções das demandas do futuro são infinitas e sua magnitude é inadequada ao humano, ou seja, o grande problema do Rei é que ao tentar ser mentalmente o Rei, se faz incompatível com ser ele mesmo.

O sapateiro possui, além do otimismo que se coloca em oposição ao tédio e à depressão do Rei, a criatividade e a capacidade de improvisar. O sapateiro é um personagem vitalizado e sua presença constante evidencia uma forma de "ser" que o Rei inveja. Envolvido com demandas do futuro, o Rei experimenta menos brilho no presente, brilho esse que o sapateiro estampa em seu canto e em sua alegria inabalável.

É difícil ao ser humano reconhecer que seu "ser" está atrelado a seu "ter". As propostas morais nos confundem porque querem fazer parecer que essa relação é de ordem ética, quando é, na realidade, de ordem orgânica. Nada ilustra melhor isso do que a fartura no ato de comer. Tão desagradável quanto a dor da fome é a dor do enfadado. Um sonha com o outro e aspiram na verdade a um equilíbrio que se traduz pelo bem-estar, equilíbrio esse que é sempre difícil, mas que amarra a posse à condição daquilo que somos. Quanto mais próximos do que nos é adequado organicamente, mais felizes, criativos e presentes nos fazemos. O aspecto mental é, como tudo, um instrumento ao bem-estar e também um de seus grandes obstáculos.

Essa é uma antiga dúvida humana revisitada constantemente: se nos atemos ao quinhão específico que nos cabe ou se nos servimos ao enfado do banquete.

Qual a medida de apropriação e de desapropriação que leva a otimizar a posse?

CAPÍTULO IV

Esfera espiritual

Ter ou não ter? – este é o teiku *(paradoxo)!*

O QUE É MEU, É TEU – O QUE É TEU, É TEU

A esfera espiritual é, por definição, o domínio mais longínquo da esfera física. Isso, no entanto, não significa que seja a sua antítese. Os quatro mundos respondem pela manifestação orgânica e estão entrelaçados sem nenhuma hierarquia implícita. O espiritual é a dimensão do ser que parece mais independente da componente física de nossa experiência. É a fronteira de nosso ser que melhor se expressa pela inexistência de demandas de posse.

Na medida em que o corpo demanda posses para existir, quanto mais remota for a experiência desse corpo, menos se traduzirá por posses, ou melhor, mais se manifestará justamente pela ausência de posses.

O envelhecimento é uma gradual desistência orgânica de regeneração física que, em si, constitui a derradeira renúncia de posse, da posse de si mesmo. A vivência que experimenta o ser nesse período da vida é o reverso da que o acompanhou pela vida afora. Acreditamos que as coisas começam a ter menor importância porque nosso corpo não consegue produzir a vitalidade necessária para usufruir as benesses deste mundo. No entanto, o envelhecimento é uma constituição estrutural resultante de outro modelo de renovação que descarta uma geração e se transfere à próxima. Por ser uma determinação orgânica, o desejo de posse deveria dar lugar a um desejo de igual intensidade por transmissão e passar adiante. Assim como o "ter" define o "ser" em boa parte da vida, o "não ter" será uma resposta orgânica a um envelhecimento maduro e equilibrado.

A velhice repleta de desejos de posse reflete uma inócua tentativa de conter a morte e resistir às novas demandas do organismo. Nela ocorre uma incrível inversão que somente os mais sensíveis perceberão: o que antes era espiritual agora se torna físico e vice-versa. O físico se afasta das demandas que lhe eram mais características, e se escutarmos mais o corpo, veremos que ele pede menos porque processa menos e porque desenvolve mecanismos que não são de expansão e crescimento, mas de contração e perda de densidade. O corpo se afasta do físico e revela a esfera espiritual que sempre conteve. O espiritual, que buscava as fronteiras do mundo físico para manifestar aspectos mais sutis da existência, tem agora no corpo que se desiste o elemento mais poderoso para traduzir suas "questões". Na verdade não são questões, mas "paradoxos".

Quando o físico é sua própria desistência, ou seja, uma manifestação imaterial e incorpórea, e quando a espiritualidade encontra seu lugar natural no corpo, então estamos diante de um paradoxo. Nesse polo da existência as decisões que responderão pela identidade, pelo ser, têm seu centro gravitacional na esfera do "não ter". Ainda que o "ser" se defina pelo que se deseja "ter" e o que se deseja "não ter" diferentemente do passado, aqui a ênfase é o "não ter". As decisões difíceis do passado que recaíam sobre aquilo que deliberávamos "não ter", agora recaem sobre a difícil decisão do que se deve "ter".

Como se o sacrifício e o abrir mão da gratificação imediata sempre experimentado pelo "não ter" se transferisse nesta fase para o "ter". O grande sacrifício torna-se justamente o "ter" e não são incomuns os apelos para que os idosos "comam mais", que façam o esforço de estarem socialmente com outros e, em particular, que não deixem de ter vontades e ganas. Como se o que exigisse esforço na velhice não fosse o abrir mão, mas ao contrário, o tomar e o possuir.

Possuir na velhice é um ato de tamanha contenção como o é abrir mão na juventude. É heroico o ato do idoso de ocupar espaço e assumir projetos, como é para o jovem o ato de dar a vez e ofertar. Como no dito da Ética dos Ancestrais: "Forte é aquele que contém seus impulsos." Para o jovem, "ter" é o impulso; para o idoso maduro, o impulso é "não ter". E os idosos que são fortes querem "ter" com a mesma espiritualidade necessária aos jovens que "não querem ter".

Esse olhar transverso do "ter" não apenas redefine toda a experiência de "ser", mas permite compreender com maior profundidade a relação constante da vida com a posse. A posse reflete um equilíbrio interno que é dinâmico e mutante e que é percebido pelo organismo como a própria existência. Existir é medir e comedir o ter. É esse ato momentâneo e constante que discernimos como a experiência do "ser". Tenha menos do que lhe cabe ou tenha mais do que lhe cabe em dado momento e você estará experimentando uma ausência. Esteja em equilíbrio com as posses de seu momento e você experimentará uma presença. Como já vimos, e talvez possamos apreciar melhor agora, "ter ou não ter é a questão". Na verdade, mais do que uma "questão", a partir dessa perspectiva se pode apreciar o próprio paradoxo.

PARADOXO – *TEIKU*

O paradoxo é visível a partir da velhice, mas está presente durante toda a existência. A tradição oriental manifesta esse paradoxo em seus ensinamentos sobre a realidade e a ilusão. Quanto mais se aperta na mão menos se tem. A associação do "ter" como sendo uma antítese ao "ser" e como o objeto maior de nossas ilusões diz respeito ao não reconhecimento de que "ter" é constantemente uma questão, uma ambivalência, uma dúvida ou mesmo um paradoxo. Mas o grande aprendizado da vida está justamente na apropriação lícita ou indébita. A própria palavra significa, em seu sentido mais profundo, que devemos nos apropriar somente do que é "apropriado".

Não há limite ao "ter", a não ser o "não ter". Esse é o princípio ecológico. As espécies mais adaptadas "têm" e "não têm" de forma apropriada. Mas o não ter não é uma medida moral ou caridosa com as demais espécies. É na busca de "ter" que as espécies conhecem seus limites e o que "não ter". Seu quinhão é determinado por essas interações e, quando alguma espécie não brigar por seu "ter", outra reduzirá seu "não ter" e tomará posse daquilo que foi abandonado. Mas para além dessa acomodação natural existem princípios inerentes a cada espécie e sua própria evolução. A busca de "ter" é um princípio da vida, mas a saciedade também o é. Os limites são tanto externos quanto internos.

Nos seres humanos a existência da consciência produz não só limites externos e internos, mas limites relacionais. Por isso, para todas as demais espécies e vidas sem consciência a existência é uma medida entre "ter" e "não ter", mas para os humanos é uma "questão" em suas diferentes caracterizações. A ambivalência, a dúvida e o paradoxo são manifestações relacionais da interação entre o indivíduo e o mundo que são particulares ao ser humano.

O que pareceria ser a antítese da vida, "o que é meu, é teu e o teu, é teu", não o é somente para aqueles que têm uma consciência. Como se pode conceber que a vida possa ser exercida abrindo-se mão do que é seu? Para tal, é necessário que a vida reconheça que sua vitalidade não está mais na árvore em si, mas na semente que dela se desprende. O ato de oferta das árvores por meio do fruto que contém as sementes é da ordem espiritual. Esse ato, que é um incrível exemplo de "o que é meu, é teu e o que é teu, é teu", ilustra de que maneira o "abrir-se mão" pode afirmar a posse. A vida, que até agora se definia pela experiência do próprio corpo, transfere sua experiência de "ser" a seu fruto e se realiza um novo parto – o de si mesmo. Muitas pessoas resistem a esse parto e buscam evitá-lo pelo apego a si mesmo ou por propostas como a da eutanásia. Ambas as atitudes são resistências a este parto e são formas de "ter" que buscam evadir-se do paradoxo, um paradoxo no qual "sou" mais e mais por aquilo que "não tenho", enquanto minha posse se estabelece primordialmente naquilo que é doado e não apoderado.

O paradoxo é o próprio parto. Toda vez que há um parto, há uma descontinuidade que é vivenciada como um absurdo. É que a posse da vida e nossa identidade em muito se expressarão pelo "não ser". Qualquer ser vivo, para estar em dia com seu "ser", terá que honrar "não ser" e aceitar que sua continuidade só pode ser cumprida pelo seu desaparecimento. A experiência de "ser" sempre contemplou esse "paradoxo" como sua mais profunda questão. A evolução de questão à ambivalência, à dúvida e ao paradoxo ocorre por conta da consciência constantemente exposta a essa realidade de seu "ser" e de seu eventual "não ser".

Por isso, "o que é meu, é teu", nessa perspectiva, não é uma desistência, mas é, em si, uma posse. É uma maneira de abarcar a morte e seus valores em meio à própria vida.

A única coisa que se pode possuir no extremo da velhice é o que não temos. Entretanto, isso sempre, em todos momentos, foi verdadeiro. Quando dizemos que o que temos e o que não temos nos definem, reconhecemos que em todas as fases da vida o "não ter" produziu experiências de "ser". O meu que se faz teu é capaz de produzir tanta experiência de ser como a obviedade da posse que determina que "o que é meu, é meu".

A vida, em todas as suas fases, é um potencial, um projeto, e como tal é definida, pelo que é possível e também por seus limites. O "não ter" sempre nos definiu tanto quanto o "ter", mas o impulso da vida se faz voltado para o "ter" como determinante para a realização desse projeto. Por isso, tudo que é bom possui uma medida, um tamanho. Sem limites, nada pode ser experimentado como "bem-estar". Conhecemos isso pela experiência de excesso porque não há nada que desmedidamente seja bom. Nem mesmo a saúde que responde pela sobrevivência do organismo pode existir independentemente do projeto contido na vida. A natureza encravada em nossa estrutura é que responde por nossa experiência de bem-estar e nem mesmo a saúde pode ser um valor absoluto. A velhice implica uma desistência que procuramos tenha a melhor qualidade possível e que otimize a longevidade para que atenda a esse desenho estrutural e que verdadeiramente responda por nossos interesses. O paradoxo fica por conta de termos que nos responsabilizar por interesses de um "ser" que, intrinsecamente, além de ser também terá que abrir mão de si. Se fizermos do "ter" um valor absoluto pela busca incessante de possuir, ou do "não ter" um valor absoluto pelo constante ato de renúncia, a vida perde tonicidade e nossa experiência de "ser" enfraquece, ou seja, não é possível "ser" sem essa constante medida entre "ter" e "não ter".

O ser longevo, talvez infinitamente longevo, imaginado em idealizações do progresso científico, perderia a capacidade de "ser" porque essa experiência é uma medida relacional entre "ter e não ter". Ter a si para sempre totalmente é a antítese do projeto em nós embutido e esse projeto determina o "ser". É esse projeto que a consciência identifica por "questões, ambivalências, dúvidas e paradoxos", e nos parece paradoxal que o impulso maior da vida não seja seu projeto, que o "ser" seja meramente um instrumento e que não possa jamais substituir o próprio projeto.

A contribuição poético-filosófica de Shakespeare é que "ser" não é um mandamento, um destino, mas uma "questão". Paradoxal nos parece o fato de que "não ser" seja uma escolha que qualifica a existência da mesma forma que o "ser".

A beleza do paradoxo é que ele não é algo a ser resolvido tal como as questões, as ambivalências e as dúvidas. O paradoxo é acolhido ou não. Sua pergunta é retórica, destinada meramente a preservar a interrogação sem a intenção de encerrar, em qualquer momento presente, a indagação proposta. Por isso, *teiku* – a utilização antiga dos rabinos para tratar de questões insolúveis no presente – serve tão bem como tradução deste nível. Nas discussões rabínicas registradas no Talmude, toda vez que se chegava a um impasse se pronunciava um *teiku* – similar ao ato de jogar-se a toalha, de suspender as averiguações até que em tempos futuros novos argumentos ou evidências possam superar o impasse e a incapacidade de uma resolução. A palavra é, em si, uma sigla do hebraico *Tishbi Itrats Kushiot U-beaiot* (Tishbi [o profeta Elias] elucidará no futuro as questões e os paradoxos). No entanto, talvez mais do que o futuro, o profeta Elias seja uma imagem mítica de presença constante, como se o paradoxo fosse uma pergunta cuja resposta se faz sempre impossível no presente. É uma resposta discernível no presente de forma sutil, mas a existência dessa resposta nunca se produzirá no presente. Para sempre, o que está por vir compreenderá a "questão" embutida no paradoxo melhor do que o próprio presente. Essa natureza de pergunta eterna, de apontar para uma possível resposta que nunca se dará, é que caracteriza tão especialmente o mundo espiritual. As profundas questões do espírito serão sempre paradoxais em essência.

CAPÍTULO V

A economia do desejo

A ESFERA "ESPIRITUAL" NA QUAL "o que é meu, é teu" nos permite compreender melhor o que é uma "coisa". Todo o objeto de posse assume a forma de uma "coisa" e serão essas coisas que teremos e que não teremos que acabarão por determinar o nosso próprio ser. E essas "coisas" são percebidas de diferentes maneiras em cada um dos quatro mundos – físico, emocional, intelectual e espiritual. Em suas diversas manifestações, as "coisas" gerarão os matizes particulares da "questão" em cada uma dessas esferas .

Na verdade as coisas não são apenas objetos, elas podem se apresentar como ideias ou mesmo como paixões. Todos os nossos desejos "coisificam" artefatos, pessoas, possibilidades e caminhos. É assim que as coisas existem em nossa consciência, ou seja, não são na verdade coisas, elementos inanimados, mas representam relações que se estabelecem entre o objeto e o indivíduo. Essas "coisas" e sua relação com um indivíduo determinam valores e proporcionam a compreensão do que é o "outro". Martim Buber buscava explicar na espiritualidade ou no humanismo radical esse ato fundamental da existência que transforma relações de Eu-Isto em relações Eu-Tu. Essa manufatura constante da vida consciente nos liberta da solidão de sermos mais uma coisa no Universo. E essa é a função paradoxal da morte. É a morte que nos traz a possibilidade de "ser" na medida em que nos coloca diante da realidade de "não ser". É ela o marco constante que nos torna relacionais (ser diante de não ser), permitindo experimentar um universo para além de coisas e nos oferecendo a estranha percepção de que somos um ente, um sujeito. Essa entidade compreendida como um organismo tem acesso a uma identidade que, por sua vez, viabiliza a posse. Nada seria passível de posse não fosse o advento do "eu", do ser. A morte é, portanto, a única saída que temos para não sermos apenas mais uma coisa, mais um isto.

Na verdade, possuir é algo absolutamente ilusório, mas ao mesmo tempo é a estrutura mais básica de nossas percepções. Quanto mais ilusório mais palpável, mais revelada e mais imediata se faz uma experiência. Os místicos trabalham com esse conceito de que quanto mais oculto algo é, mais próximo do verdadeiro; quanto mais revelado, mais próximo do real e mais distante da essência.

Essa é a nossa questão, nosso paradoxo, porque para que possamos "ter" – nosso tijolo fundamental e momentâneo da experiência de existir – temos que estar igualmente diante do "não ter". Isso porque se o "ter" estiver só, como uma proposta que não é uma dialética constante com o "não ter", irá, em vez de promover a experiência de "ser", inviabilizá-la. Essa é a reclamação contemporânea do vazio do consumismo. O consumir utilizaria o ato fundamental da vida – o ter – e o consideraria um valor absoluto e não uma "questão" em qualquer que seja a sua dimensão. O ato tão imprescindível de possuir é sempre uma questão que revela escolhas, decisões e, em última análise, vida. Se enxergarmos o que possuímos, poderemos entender as escolhas daquilo que não temos e é daí que procede a nossa identidade.

Uma querida amiga contou-me que em uma de suas visitas ao Oriente conheceu um sábio monge. Entre os ensinamentos que lhe transmitira, um era especialmente caro. Por inúmeras vezes o monge mencionara um jarro que pertencia a sua família e que segundo ele era um objeto fascinante. Certo dia ele a convidou para ir até o seu mosteiro onde se encontrava o tal jarro para que ela pudesse conhecer aquela pequena maravilha. Após uma longa caminhada e um esforço considerável ela teve acesso ao tal jarro. O monge disse: "Não é uma maravilha?" Diante dela estava um jarro. Não havia nada de muito especial naquele objeto que fazia os olhos do monge brilhar e que deflagravam um sorriso enigmático e deslumbrado. Por delicadeza, ela fingiu participar da fascinação do monge e guardou para si esse desconforto.

Muitos anos depois, quando se defrontara com uma enfermidade grave, sobrevivente, ela me contou que entendeu do que falava o monge. Há "coisas", mas, quando temos os olhos despertos, entendemos que as coisas não são meramente coisas. Nelas estão o Eu, a relação com a qual nos colocamos no mundo e na existência. A verdadeira "coisa" é tudo o que ela é mais a soma de tudo o que ela "não é". A maravilha de qualquer coisa é o reflexo em si de nossa existência. Se quisermos abraçar jarros ou qualquer objeto que o valha, num apego que nos faça "ter" sem "não ter", transformamos o sagrado ato e posse, de relação entre Eu e outros, num beijo com o vazio e com o oco da existência.

As verdadeiras coisas nos convidam a tê-las e a não tê-las, por isso, em muitos momentos, "o que é meu, é teu", é um ato de posse tão poderoso quanto o prazer infantil de que o "teu seja meu". Há tanta posse num quanto há no outro. Quem não conhecer esses dois potenciais rapidamente destruirá a beleza, a potência da própria posse, elevando-a a uma categoria acima da "questão". E nada é mais questionável do que "ter". Ter, sem a "questão", é tornar os jarros cada vez menos fascinantes, menos capazes de produzir maravilhamento.

E por mais incríveis que sejam os vasos no exterior só conseguirão produzir o hálito do vazio e da falta de sentido. A depressão que graça em nosso mundo é a manifestação de tantas posses e transações de posse destituídas das "questões".

O QUE TEMOS É O QUE DOAMOS

A dimensão espiritual não é o topo da experiência da existência. É, na verdade, a dimensão que pontua, que dá equilíbrio a todas as outras dimensões da existência. Não é, portanto, hierárquica como quer fazer parecer tanto o mundo da moral e da religião como a própria civilização. É verdade que é uma dimensão que exige um profundo refinamento para que seja percebida como imprescindível entre as sensibilidades humanas. É desse nível que descobrimos, no sentido mais literal, que a possibilidade da posse está não só no que podemos ter, mas no que não temos. Quem vive a vida apenas na extração do que o mundo pode oferecer no aspecto "meu é meu e teu é meu" é alguém pobre, com uma existência débil, um ser tíbio.

Quem experimenta todas essas dimensões e conhece também o "ter" naquilo que "não tem", naquilo de que abre mão e que retoma com plena consciência de estar exercendo posse, este é um "ser" intenso. Mas é fundamental entender que este não é um ideal, uma resposta definitiva às questões do ter. Tão doente como um consumista que quer "ter" de forma absoluta, também é aquele que quer "não ter" de forma absoluta. "Ter ou não Ter" é eternamente uma questão, uma relação sagrada em si. Qualquer um que queira ser "bom" e queira possuir apenas o que não tem, o que "doa", é tão materialista, tão vazio quanto o oposto. São ambas tentativas de aniquilar a questão com suas ambivalências, dúvidas e paradoxos. O egoísta e o altruísta possuem muito pouco.

Os jarros só têm fascínio se vivemos a tensão entre "ter" e "não ter". Qualquer outra medida torna o "ser" flácido, destituído de si mesmo. Até o último instante de nossa vida essa "questão" tem que se colocar. Sim, entre as coisas que mais podemos "ter" estão as coisas de que abrimos mão e que doamos ao outro. Mas essa não é uma fórmula; é apenas o refinamento de quem sabe utilizar todas as oportunidades de "ter" que a vida proporciona.

Belo exemplo desse discernimento dá o rabino de Kotzk. Quando este estava muito enfermo, seu filho trouxe o neto para que visitasse o avô. O pai sugeriu que o menino fizesse uma oração pela recuperação do avô. O menino espontaneamente disse que só rezaria se o avô lhe desse o relógio que tinha no pulso. O pai esboçou uma repreensão pelo comportamento interesseiro do filho e foi contido pelo rabino. Este disse: "Prefiro a oração que vai fazer por conta do relógio à oração originada na convenção e na moral."

O rabino tem a clareza de que a intensidade dos atos não está em nenhum polo. Para uma criança nada é mais apropriado do que o "teu é meu". Dar o relógio ao neto é acionar a vida com muito mais intensidade do que fazê-lo responder a um discernimento que ele não tem. Por isso é fundamental não banalizar esses ensinamentos, porque podemos possuir por intermédio do ato de abdicar e não ter, mas também é óbvio que podemos possuir por simplesmente "ter".

Num universo onde a posse inexiste a não ser na interação entre um ente e o mundo a sua volta, onde a posse é, em essência, uma ilusão, ampliar a posse dependerá sempre de nossas questões. Para alcançar tantas posses quanto se faça possível, buscando estabelecer uma essência a nosso ente, nos entregamos a essa tarefa sagrada de "ter" ou abrir mão de "ter". Permitimos, assim, que as questões, ambivalências, dúvidas e paradoxo reforcem nossa experiência de "ser" e nos dotem de identidade.

E essa é a característica tão fantástica da posse – na medida em que ela é ilusória, se faz também infinita; por isso podemos competir pelo "ter", mas não pela posse. A posse sempre será individual e intransferível, ninguém a pode tomar ou destituí-la do ente que a produziu, porém, pensá-la como uma essência absoluta, uma coisa dissociada de um ente, é tão absurdo quanto pensá-la finita. Tanto mais posse terá um indivíduo quanto percebê-la associada a sua própria existência. Infinita e intransferível, a posse é a mais concreta de todas as experiências humanas, mesmo que sua essência seja, como dissemos, um mero efeito, um resíduo ilusório do desejo. E se isso se parece a um paradoxo, um contrassenso, saiba que é justamente o que é. Trata-se de um disparate que é fundamental e necessário para a experiência de "ser" e de "ter".

O QUE SE PODE TER

A reflexão que fazemos sobre a posse nos ajuda a compreender que, apesar de ser uma ilusão, um truque para experimentar o "ser", ela é central à consciência. "Qual o meu tamanho? O que me pertence e o que não me pertence?" são perguntas existenciais. Com isso se revela que o receptáculo da posse é o ser e sua consciência de existir. O que possui é o "Eu" e, ao mesmo tempo, de posses é que o "Eu" se constrói. O bem-estar desse "Eu" dependerá sempre do que "tem" e do que "não tem". Afirmado no que tem, o "Eu" ganha densidade, por outro lado, afirmado no que não tem, o "Eu" evita seu inchamento. Sem densidade ou numa condição inflada, o "Eu" sofre, respectivamente, o mal da desnutrição ou da náusea.

O que se pode ter depende do "Eu" e do que nele cabe, do que nele é apropriado. Qualquer posse que não seja adequada a um "Eu" será falsa e isso é algo que reconhecemos. Seja na esfera material ou emocional, se não "pertence" a esse "Eu", mais cedo ou mais tarde será perdido ou traído.

Tentamos evitar essa experiência de sermos "despossuídos" porque representa o sentimento contrário ao "ser", porque responde pela desconstrução de nosso ser. Essas experiências têm marcas muito claras em cada uma das esferas que tratamos anteriormente. Na física, diz-se da difícil experiência de perder; na esfera emocional representa-se pela experiência da traição ou da injustiça; na intelectual, pelo senso de menos valia manifesto na sensação de embotamento e estagnação; e, por fim, na esfera espiritual, se representa na depressão, que nos faz esquecer o sagrado contido no ato de "ser". Todas essas experiências são manifestações de um "Eu" que não consegue possuir, porque a posse sempre dependerá primeiramente de um "Eu" que a seja capaz de comportar e de hospedar a experiência de apropriar-se. Só de posse de si poderá então se servir de posses para a construção e afirmação de si mesmo. Como vimos, isso se assemelha a um paradoxo. O que vem antes, o ovo ou a galinha – o senso de si ou a possibilidade de posse?

O sábio Hilel, pensador do século I, estabelece como prioritário o senso de si para que a posse não seja um elemento contrário e destrutivo ao próprio ser. A ele é atribuído na Ética dos Ancestrais o dito:

> Se o Eu não for para mim, quem será para mim?
> *(Im ain ani li, mi li?)*
>
> E se sou para mim, o que sou?
> *(U-ke-she-ani lê-atsmi, ma ani?)*

E se não for agora, quando?
(Vê-im ein ló achshav, ematai?)

Seu aforismo é construído em torno da noção de posse. Se "não for para mim", para quem? Se eu não tomar posse de meu "Eu", quem tomará? Fazendo um jogo de palavras com os vocábulos "vazio" *(ain)* e "Eu" *(ani)*, ele salienta a semelhança que os místicos reconhecem entre o "EU" e o "NADA". Sem posse, o "EU" é o "NADA". E quem tomará posse de si, se não eu mesmo?

Mas, uma vez que eu tome posse de mim, como saber as dimensões e a estatura deste "EU"? Isso só se pode fazer possuindo coisas neste mundo. Conhecendo a capacidade de ter e a grandeza de não ter. E essa é uma tarefa de vida inteira, na qual possuímos e despossuímos incessantemente na tentativa de determinar "o que somos". E só então, de posse de si e dispostos às posses e renúncias que são posses, nos colocamos frente a frente com o ato de conquistar o momento. Esse ato de posse do momento é o que chamamos de "ser". O "ser", como nos referimos anteriormente, é recheado de "ter". Ter a si possibilita "ter o que é meu" e abre caminho para "ter o que é teu". Isso levando em conta que muitas vezes "ter o teu" possa significar "não ter", o que também é uma forma de posse. Portanto, a posse é aquilo que reforça a experiência do "ser", seja pela escolha de ter, seja pela de não ter.

Muitas vezes nos parece que as coisas que "não temos" podem ser mais nobres, mais elevadas, justamente porque a moral nos conduz a percebê-las como as coisas a serem "levadas deste mundo". A frase "deste mundo nada se leva" nos faz acreditar moralmente que o "não ter" é uma mercadoria com maior liquidez na partida deste mundo do que as coisas que se tem. Veremos adiante que isso não é correto. O que mais conta é a verdadeira posse e toda vez que temos algo quando teríamos mais se não o tivéssemos, ou que não temos algo quando teríamos mais se o tivéssemos, estamos fazendo um ato contrário à posse. Estamos, assim, enfraquecendo o senso do que somos e, na gravidade e constância deste equívoco, vamos perdendo posse sobre nós mesmos. E quem tomará posse de nós, senão nós mesmos?

Só podemos ter aquilo que afirma nosso senso de si. A ilusão da posse alimenta a ilusão do "EU" e só desse emaranhado de ilusões podemos construir a imprescindível experiência de ser. Toda experiência do ser está, portanto, contida na questão, na ambivalência, na dúvida e no paradoxo de "ter ou não ter". Isso porque o "ser" é o honrar de nossas sensibilidades reduzidas às esferas do físico, da emoção, do intelecto e do espírito. Quem honra decisões constantes nessas esferas sobre o que ter e o que não ter conquista o momento, o "agora". Este "agora" é o oposto de "quando?" O "agora" tem consistência e é a posse maior, uma posse que, sim, "se leva deste mundo". Já o "quando?" é o oposto da posse, é o potencial não apoderado e não apossado. Uma vida constituída de "quando?" não possui um "EU" *(am)* e se assemelha a um "NADA" *(ain)*.

MANÁ – A POSSE DO NADA

O que temos visto é que a propriedade daquilo que obtemos e do que abrimos mão é o que possibilita a posse. Quanto mais tentamos ter dissociado da questão de "ter ou não ter", menos possuímos. Os alicerces da posse estão plantados no "Eu": quanto mais fortalecido, maior sua capacidade de possuir. De agora em diante entenderemos posse sempre como potenciais provenientes do ato de apossar-se ou de abrir-se mão.

Um símbolo em especial da posse é o Maná bíblico. O Maná era o sustento milagroso fornecido aos hebreus no deserto a cada dia. Essa substância que ficava disponível ao amanhecer tinha características bastante esclarecedoras sobre a posse no plano espiritual. Maná significa "porção" ou medida. Como princípio, o Maná só podia ser colhido na quantidade que podia ser consumida no mesmo dia. Se o sustento não atendesse apenas às necessidades reais, se contemplasse quaisquer outras motivações que não fossem de natureza alimentar, então o excesso deteriorava e comprometia também a porção diária. Se alguém quisesse Maná para uma semana, para um mês, para o ano ou para uma vida toda, se defrontava com os custos decorrentes de não conhecer limites ao que é suficiente, e nesse lugar sem limites não há verdadeira posse, porque não há um "Eu" capaz de conter, em si, posses.

Quando em vez do "Eu" o receptáculo do Maná é o impulso de ter fundamentado em medo e insegurança, todo o Maná fica comprometido. Por isso os comentaristas diziam que o Maná tinha um gosto distinto para cada um que o provava. Seu gosto não era um paladar distinto, mas um "Eu" que saboreava de forma particular e única. O gosto de cada "Eu" é a interação do externo com o interno, é uma relação, um equilíbrio que torna as coisas deliciosas ou intragáveis e entre todos os gostos o mais terrível é o desgosto, a perda do paladar pela incapacidade de acoplar oferta e demanda de forma apropriada. Sem ser apropriado, algo não pode ser apropriado ou possuído. O gosto é, na verdade, a posse. O que dá gosto às coisas é uma proporção que não pode ser outra, nem mais nem menos. Nessa adequação, coisas se tornam parte de outras coisas e podem ser possuídas, mas o que possui não é o sujeito, mas a medida exata da necessidade e da oferta. O quanto um quer e o quanto o outro não quer afirmam a individualidade e a identidade de coisas e fortalecem a percepção de existência.

Essa é parte talvez da resolução do paradoxo, uma vez que revela por que o "não ter" é fundamental à experiência de ser. As coisas serão sempre "isto" enquanto não encontrarem outras "coisas" com as quais possam se acoplar por meio de uma função de necessidade. Coisas que se acoplam com outras coisas com "propriedade" se possuem mutuamente e fortalecem o "ser". Tal interdependência é o Maná, uma porção que em sua quantidade representa uma qualidade específica que não pode ser substituída por nenhuma outra quantidade. A especificidade das demandas e sua legitimidade é que possibilitam a posse, que é o ilusório e temporário ato de ter ou não ter capaz de preencher nossos momentos de significado e de senso de existência.

O mais incrível é que o Maná é descrito como uma substância quase etérea, sem essência em si. O que sustenta no Maná não é o conteúdo da própria substância, mas a propriedade, a justeza de sua medida. A posse é o gosto da vida. Se alguém não pode possuir, perde o gosto pelas coisas deste mundo. Porque as coisas possuem e são possuídas ofertando esse gosto ao que é existente. A consciência desse gosto e sua multiplicidade de sabores e paladares tão vasta quantas coisas existam pelo universo se dão na posse. Entendemos, então, que a posse também é uma medida, tal como o Maná. E a essência do Maná é o Nada, o *ain*, que é o tecido do qual o *ani*, o "Eu", se faz.

O erro mais comum de nossa civilização é acreditar que a posse é uma realidade, de que coisas possam ser tomadas por outras coisas e que isso não seja uma forma de acoplar medidas. Essa forma equivocada de posse não fortalece a experiência do ser, mas, ao contrário, a agride e depaupera. A insistência na busca de muitas posses equivocadas acabará por gerar ao "Eu" uma percepção de si como um "Nada".

Em vez de essa posse sustentar o "ser", ela o consome. Não só apodrece o que é desmedido e inapropriado (inapropriável), mas compromete todas as posses, em particular a posse de si mesmo.

Por isso, quanto mais se tenta apertar na mão para se garantir que se tem, mais fugidia fica essa experiência e terminará por demonstrar o quanto não se tem. A medida desse aperto é fundamental para o "ser". É dessa tonicidade adequada que sou para mim, ou seja, que o que sou se expressa num dado momento e toma posse o agora.

DESTE MUNDO MUITO SE LEVA

A ideia de que nada pode ser levado à cova com o indivíduo é muitas vezes compreendida como uma proposta moral que entende a posse e o apego como características negativas. Mas não é bem assim. Seria muito simples se a ação positiva fosse simplesmente a de abrir-se mão e combater qualquer forma de ganância. Isso porque um equilíbrio não depende exclusivamente de um de seus polos. A harmonia é sempre a relação saudável entre forças distintas, quase sempre opostas. Sua oposição não é, em essência, como costumamos acreditar. A dualidade é um recurso de que lançamos mão para melhor experimentar as coisas, e por mais palpável e real que essas oposições nos pareçam, são aspectos de uma mesma coisa.

É verdade que a bagagem permitida em nossa viagem derradeira dessa vida não inclui sequer a mais ínfima das malas de mão, mas deste mundo muito se leva e muito se deve levar. As verdadeiras posses ninguém as pode tomar de nós. Elas permanecem para sempre incrustadas em nossa própria identidade, que é constituída em seu tecido pelas pequenas posses que exercemos ao longo da vida. Nessas posses estão incluídas as ações que levaram a garantir que "o meu fosse meu" e, às vezes, "que o seu fosse meu". A conquista é sempre a invasão de um "teu que passa a ser meu". E algo disso é sadio. Nenhum equilíbrio exclui a posse mais infantil e primária. O equilíbrio dessa modalidade de posse surge quando descubro que o ato constante de conquista pode levar à perda de mim mesmo, de minha própria identidade. Há uma modalidade de conquista que não acontece sobre o teu, mas sobre o meu. Nessa conquista "o meu é teu". Nessa conquista o desafio não é o outro, mas meu próprio impulso. O impulso que me faz sobreviver é o mesmo que pode me fazer adoecer e agredir a mim mesmo.

Podemos aprender isso de nosso próprio sistema imunológico. Tudo que se propõe a defender e, portanto, a atacar, só pode funcionar eficientemente dentro de parâmetros de equilíbrio. Qualquer defesa exagerada, como qualquer conquista exagerada, agride princípios de equilíbrio. E número tão grande de doenças quanto as que nos fazem sucumbir a ataques externos de vírus ou bactérias pode ser encontrado nas alergias, nas inflamações e nos ataques imunológicos produzidos pelo próprio indivíduo. No afã por garantir que o "meu seja meu", posso agir de forma contrária, funcionando para que o equilíbrio tenha que pender na direção do que é "meu deixe de sê-lo".

A posse é o resultado de um equilíbrio. Só podemos possuir aquilo que, na abundância, nos permitimos "não ter"; ou daquilo que, na carência, legitimamente nos apossamos. Possuir é, portanto, uma arte. E tudo o que possuímos verdadeiramente segue conosco desta vida em diante porque é a própria vida em si. Apossamo-nos, em realidade, dos "agoras" que a vida nos oferece. Cada momento que é vivido sem a presença da questão constante de "ter ou não ter" perde a oportunidade de apossar-se de seu "agora".

Toda vez que nos apossamos de nosso agora, tendo ou não tendo, carregamos para sempre essa posse. Os momentos vividos assim são reverberantes e não se perdem no passado que se esvai, ao contrário, cada momento que vivemos como um "agora" faz-se bagagem permanente de nossa existência e levamos para onde formos. Isso porque somos o somatório desses momentos e o que nos é dado possuir não é um "Eu" imaterial e imaginário, mas a trajetória de nossa presença registrada nas pegadas de nossos "agoras" apossados. Levamos tudo isso conosco porque é isto que somos.

Deste mundo levamos conosco tanto o que deliberadamente decidimos não ter como também o que legitimamente tomamos para nós. O que não podemos carregar conosco são as coisas desnecessárias que acumulamos e que são registro inegável da perda de oportunidades de apossar-nos de outras coisas reais, apossáveis deste mundo. E também não carregamos aquelas coisas que deixamos de tomar, mas que eram passíveis de pertencer-nos e das quais abdicamos por motivos outros que não sejam pela deliberação acerca de "ter ou não ter". Sempre que doamos ou abrimos mão sem passarmos pelo crivo de nossas questões, ambivalências, dúvidas e paradoxos, perdemos a oportunidade de possuir o que "não temos". E "não ter" sem possuir é um desperdício igual a ter sem possuir.

Sim, deste mundo muito se pode levar. E é tarefa de quem vive plenamente acumular muitas posses verdadeiras que possam ser conversíveis a qualquer moeda, outorgado-lhes uma liquidez que resiste à perda da própria vida. Porque a vida possuída, tomada posse, ninguém mais a pode arrancar de seu "Eu". Essa é nossa imortalidade que advém de um "Eu" que, em dado momento, é uma prestidigitação ou um truque, mas que na conquista de "agoras" se torna uma identidade real e ficamos possuídos por nós mesmos. E então o que levamos conosco é a nós mesmos, nos carregamos em tudo o que traduzimos como nosso, tido ou não tido, e que é o verdadeiro "Eu", essência de minha existência incontestável, inalienável de mim.

O usucapião de mim mesmo por um determinado tempo autentica que o "Eu" ilegítimo, inventado, se torne não só uma posse reconhecida como também permaneça para o "usufruto" de todos os que nos conheceram mesmo quando não estivermos mais nesta vida. Porque quando possuímos verdadeiramente, não só levamos deste mundo como deixamos um legado passível de posse e de usufruto por aqueles que nos dão continuidade. De um Nada, o Eu se transforma numa "coisa" com a qual podemos nos relacionar até mesmo quando não estamos mais presentes.

Afinal a presença é o apossamento do "agora" e sua natureza não é temporal, mas atemporal. Todo o "agora" do qual tomamos posse permanece como uma propriedade – o que se fez apropriado, eternamente encaixando uma coisa com outras no tempo. Esse encaixamento único reverberará para sempre entre as coisas e será a origem de tantas outras posses e tantos outros "Eus" construídos por meio da apropriação da relação apropriada entre coisas.

QUALIDADE DE VIDA E ROUBO

A posse, apesar de se dar entre coisas, nunca é a posse de coisas. A posse é a relação entre coisas construída das questões de "ter ou não ter". Há quem tem e, na verdade, não tem. Há quem não tem e, na verdade, tem. E obviamente há quem não tem e verdadeiramente não tem, assim como quem tem e verdadeiramente tem.

A posse só existe para quem "tem e verdadeiramente tem" ou para "quem não tem e verdadeiramente tem". Essas duas formas de posse que estabelecem relações entre o "Eu" e todas as outras coisas são a essência de nossa existência.

Reb Nachman, personagem de quem derivamos vários ensinamentos anteriores, tem uma visão bastante interessante do que concerne à posse. Ele desafia aqueles que têm uma boa qualidade de vida a submeter-se a um teste definitivo para medir a veracidade dessa qualidade. Ele propõe que as pessoas com boa qualidade de vida imaginem-se perdendo uma a uma as coisas que têm. Se com essas coisas for sendo perdida também a qualidade, então elas não têm qualidade de vida.

Talvez as pessoas tenham "quantidade de vida", mas "qualidade" que é medida pelas posses verdadeiras de um indivíduo, entre o que ele tem e deliberadamente não tem, elas não dispõem. Porque a qualidade de vida não pode ser retirada de ninguém, uma vez que é feita de posses. E as posses são inalienáveis. Sim, as coisas são passíveis de serem tomadas ou mesmo roubadas, mas a relação com as coisas, essa ninguém pode usurpar. Pertencem ao "Eu" que em sua relação com as coisas é intransferível.

Ao mesmo tempo, quem rouba tem, mas não tem a sua posse. Para o ladrão não há lugar no seu "Eu" que permita que o objeto do roubo seja possuído. Quem rouba tem menos "Eu", menos posse de si. Esse ter que diminui a posse funciona na contramão da qualidade de vida, porque estar cercado de muitas coisas e não possuí-las é uma grande maldição. As coisas deste mundo não se levam; as posses, sim. E quanto mais tivermos sem possuirmos significa que fomos incapazes de produzir "agoras" em meio à nossa existência. E quanto menos nos apossamos do momento, menos sabemos o tamanho que temos ou o "que somos". E quanto menos definidas nossas grandezas e magnitudes, menos verdadeiro o "Eu" e menos posse temos de nós mesmos.

O Nada e o Eu são os polos que manifestam a experiência de "existir" e de ser. E devemos estar atentos porque seu conteúdo são as posses que realizamos pela vida afora.

A verdadeira qualidade de vida é uma conquista que se mede na própria identidade. A possibilidade de perder essa qualidade é prova de que na verdade não a tínhamos.

Roubar uma posse verdadeira é impossível. O roubo é uma condição e não deixa de representar uma interação econômica. No roubo, numa perspectiva radical, ambos os lados saem contemplados em sua interação econômica. Se imaginássemos que um ladrão oferecesse um centavo pelo carro que está roubando, nas condições específicas daquela interação, o dono do carro perceberia como um bom valor pelo seu carro, uma vez que é a única maneira de salvar a sua vida. Essa é uma realidade de valor. Por exemplo, ninguém trabalharia por valores tão pequenos como um salário mínimo se essa não fosse uma condição melhor do que a opção de morrer de fome.

O ladrão e a vítima tiveram uma interação no que tange à guarda de uma coisa que até aquele momento não estava na mão do ladrão, mas em nenhum momento se estabeleceu qualquer mudança na esfera da posse. Prova disso é que o ladrão busca recorrer ao dinheiro, o grande "lavador" de coisas que as pessoas têm, mas que não possuem.

E, sem moralismos, qualquer coisa que não possa ser possuída tem pouco ou nenhum valor. Todos os roubos, efetuados por ladrões profissionais ou por indivíduos comuns em suas interações rotineiras, desconstroem o "Eu" e o tornam mais vulnerável a não poder levar nada deste mundo.

Essa é a razão de uma parcela considerável de nossa inveja e de nossa insatisfação estarem atreladas não a carências verdadeiras, mas ao olhar para aquilo que os outros possuem. No entanto, se nos é dado ter essas coisas tão cobiçadas, não alcançamos o bem-estar. É que a guarda das coisas não reproduz a riqueza de tê-las possuídas. O invejoso sabe disso e por isso não quer o que o outro tem. Tomar o que o outro tem é o desejo real do ciumento, mas o invejoso quer apenas obstruir a posse do outro, relegado que está à condição de roubo.

O que o roubo representa é um empecilho à posse. O roubo aprofunda a sensação de que as coisas podem ser retiradas de nós. Por um lado reforça a ilusão de que a "guarda" das coisas pode substituir nossa interação com elas. Por outro também intensifica a insegurança. Na verdade, só rouba aquele que acredita que ao tomar consiga adquirir posse. O que ocorre é o contrário; tal atitude nos afasta da possibilidade de posse. Essa é a razão pela qual as riquezas para quem não tem posse, apenas "guarda", não tragam prazer por tê-las, mas sim, o tormento por perdê-las. Essa é provavelmente a sensação mais comum em relação ao dinheiro – o prazer de tê-lo é muito menor do que o sofrimento por não tê-lo.

Tudo que for experimentado dessa forma significa que não é possuído. As coisas sobre as quais temos posse nos fornecem prazer e o senso de si. São coisas que é melhor tê-las do que não tê-las, afinal, a posse é exatamente a interação, a decisão e a vida exercida na escolha de "ter ou não ter". Se a decisão for por tê-la, nunca o "não ter" pode representar uma experiência mais intensa do que o "ter". Na posse, o "não ter" também é oriundo de uma escolha e, portanto, não estará sujeito ao temor da perda.

A posse não compreende perda. Tudo o que puder ser perdido não pertence ao conjunto de nossas posses. Mesmo uma "coisa" que foi minha, que tenha tido posse, e que não mais disponho neste momento, continua como uma posse. É uma posse do tipo "o que é meu, é teu e o que é teu, é teu". Por ter sido uma coisa minha que suscitou questões, ambivalências, dúvidas e paradoxos, se fez posse, isto é, qualquer que seja o status de sua "guarda" nesse momento, ainda a preservo. Não mais sob a forma de "ter", mas sob a forma de "ser".

É isso que a posse permite: a conversão definitiva do que se tem em quem se é. Representa um meio de interação entre o Eu e o mundo, entre o Eu e o Tu.

Essa é a grande diferença entre a Propriedade e a Posse que apenas a esfera espiritual nos pode expor de maneira tão contundente.

PROPRIEDADE SEM POSSE – COMO TER SEM SER?

O universo espiritual fala diretamente da experiência da maturidade e do avanço da idade. A vida é percebida pelo ser humano como um comodato. O efeito maior da consciência é que o ser humano percebe a realidade da vida como a cessão de direitos por um período que não excederá os cento e vinte anos. Essa percepção impacta toda a nossa relação de valores com o mundo a nossa volta. E como todo "contrato temporário", os valores das coisas vão diminuindo à medida que o tempo passa. Quando pagamos luvas por um ponto comercial, se queremos repassá-lo, ele valerá muito no início da vigência do contrato e cada vez menos à medida que o tempo se aproximar de seu término.

Assim sendo, com o passar do tempo de uma vida, as "coisas" tendem a valer menos. Essa experiência é importante porque irá revelar nuances do "ser" e do "ter" que antes ficavam ofuscadas pelo valor exponencial das "coisas" para o jovem. É legítimo o apego do jovem pelas "coisas", uma vez que elas, em sua utilidade, parecem se confundir com a experiência de "ser". A propriedade é, assim, confundida com a posse. Uma vez que ter propriedade parece permitir utilizar algo por um tempo tão longo que se confunde com o infinito, assumimos que temos posse. Muitas vezes se torna patético para um indivíduo maduro deparar-se com um jovem arrogante por conta de propriedades que toma como posses. Somente a consciência da finitude da vida expõe as nossas propriedades à prova de se são ou não possessões. Se forem, poderão ser levadas deste mundo e escaparão à valoração relativa ao tempo restante para o final do comodato da vida.

O que estamos dizendo tem implicações diretas sobre a riqueza. A riqueza não diz respeito a quanto temos, mas ao que possuímos. O ter está relacionado à propriedade, e o "ter ou não ter", relacionado à posse. O primeiro diz respeito à retenção e à guarda de uma coisa, o segundo, à interação entre um indivíduo e o uso das coisas. A posse está vinculada, portanto, ao uso e ao valor. Rico não é aquele que tem coisas, mas aquele que faz uso de coisas. Quanto mais uso tiver para coisas e delas dispuser, mais rico.

Quando vemos pessoas que dispõem de fortunas para além de sua própria vida estamos diante de pessoas com propriedades fabulosas, mas o quanto elas possuem é de outra ordem. Não sabemos o que um magnata possui, sabemos sobre o que ele tem propriedade. Todas essas coisas que estão sobre sua propriedade são passíveis de deixarem de ser. Seja pelo roubo, pelo mau investimento, pelo esbanjar, pela má administração ou pela morte, as propriedades passam de mão. Ninguém consegue ter propriedade eterna sobre as coisas. Isso porque as coisas não se prestam a ser eternamente propriedade de outra coisa. Já com a posse é diferente. A posse é o monopólio daquele que existiu e interagiu com o mundo a sua volta. O sujeito não é mais uma "coisa", mas um "Eu", a construção das interações entre coisas. Essas interações transcendem a realidade das coisas e as libertam dos limites de sua própria natureza. A transcendência do ser humano está vinculada à possibilidade de deixar de ser uma mera coisa neste universo. Na linguagem de Buber, Eu-Isto é a percepção que experimenta uma "coisa" que dispõe de consciência. Por outro lado, Eu-Tu representa a experiência de transcendência possível a uma coisa com consciência.

As posses são, assim, relacionadas ao viver, às interações que um indivíduo estabelece ao longo de sua vida. A posse é um produto da existência e é a materialidade da existência.

Cada um de nós sabe o quanto possui. Não há manuais nem receitas. Pode-se possuir muito com uma vida baseada em lazer e amizades ou na dedicação a uma obra. Pode-se possuir tanto com poucas propriedades como com muitas. Há magnatas que ao construir sua vida e sua fortuna interagem profundamente com o mundo e muito possuem. Há pobres que se protegem do risco e do esforço e pouco possuem. Há magnatas que nada ou pouco levarão deste mundo, e despojados com invejáveis bagagens de posses e que deste mundo muito levarão.

A passagem do tempo separa o conceito de propriedade do conceito de posse. Passamos de um "ter" que, na percepção de sermos eternos, imortais, fusiona a propriedade e a posse, a um "ter" que, diante da finitude da vida, contrapõe a propriedade e a posse. E assim se revelam importantes "questões" do "ter". Ao jovem cabe descobrir com sabedoria como contemporizar seu instinto à propriedade e temperá-lo com o investimento em posses. É importante que conheça os paradoxos do "ter ou não ter" para além de suas "questões".

O "ter" e o "ser" são experiências que se reforçam mutuamente. Só a sabedoria e a adequação (as questões) permitem que o "ter" possibilite a posse. E só é possível ter posse se isso couber no nosso "ser". Tudo que não couber no "ser", que em vez de traduzir uma interação entre coisas, se fizer da retenção ou do privilégio de coisas sobre outras coisas, não permitirá a posse. O quanto de nosso patrimônio é possuído por nós está diretamente ligado à experiência de bem-estar e de "ser".

Por isso a propriedade não é neutra em relação à posse. Quanto maior a propriedade, maior terá que ser a posse para que represente uma experiência onde o "ser" seja fortalecido. Por isso não vale a pena ter mais propriedades se elas não podem se fazer possuídas por nós. A comida ilustra isso de forma muito concreta. Ao saciar a fome eu tomo posse da comida que ingeri. Se eu me apropriar de mais comida além da que fui capaz de possuir, ela terá um efeito negativo à minha saúde e ao meu bem-estar.

O limite da posse não é moral, está no "ser". Quanto mais você puder dar uso a seu patrimônio para que ele reforce a sua experiência de "ser", melhor. Mas o excesso que não pode ser contido no "ser" é o oposto da posse – é um "ter" que diminui a existência.

Para "ter" eu preciso "ser" e para "ser" eu preciso "ter". Essa relação não pode ser perdida. Não tenha nada que não caiba no seu ser, não tenha nada que você não possua. Da mesma forma, não se sinta nada que você não tenha, que não esteja ancorado na conquista de posses seja pelo "ter" ou pelo "não ter".

NÃO TER E O DESEJO

Não ter é o início do desejo
– *Wallace Stevens*

A posse se constrói da relação entre o “ter e não ter”. Diferente do que imaginamos, a posse se distancia do controle, da retenção ou do monopólio. Todas as vezes que se tenta exercer esse tipo de direito sobre as coisas, termina-se na condição de “ter” sem, ao mesmo tempo, possuir. Por isso é comum que aquele que obtém algo desejado, que ao lograr ter o que perseguia, se pergunte estupefato: “Onde terá ido parar o desejo?” O “ter” em si não é capaz de produzir a mesma qualidade de bem-estar que produz o potencial de “ter”. É justamente nesse lugar do “não ter” que acontecem todas as paixões e é dele que emana o grande paradoxo que se estabelece entre o Eu e as coisas deste mundo, sejam elas objetos ou pessoas. O lugar do desejo e também da posse se situa no “não ter”. Trata-se de um “não ter” embebido de questões sobre “ter ou não ter”. Os sensíveis e os sábios conhecem o mistério de perseverar no “não ter” e tratam de manter-se o maior tempo possível nessa margem da vida refreando seu impulso por “ter”. A esfera do ter, apesar de ser o alvo da posse, nunca se realiza nela; na verdade, a posse quase sempre se desfaz no “ter”. Não quer dizer que não possamos ter algo como parte da construção de nossas realizações, mas o prazer em ter estará sempre condicionado a que em sua memória reverbere a ausência, a carência. As crianças sofrem dessa experiência mais que qualquer outro grupo. Seu desejo de “ter” é tão absoluto que é uma surpresa quando o objeto tão querido, uma vez obtido, caia em desinteresse. Seria simplesmente o novo ou inusitado que se esvai e que abandona os objetos quando apropriados? Não tão simples. O que realmente destrói o desejo no "ter" é na relação de controle que estabelecemos sobre uma coisa. Se a possibilidade de "não ter" ainda estivesse presente, o interesse não se esvaziaria.

A posse diz respeito a relações entre o interior e o exterior. É essa relação, mais do que o objeto de desejo, que nos oferece a possibilidade de "ser", que está por trás do desejo de posse. Achamos que a posse faz o objeto desejado se incorporar a nós mesmos e que isso vai fortalecer o nosso ser, mas, como vimos, a experiência da existência e da identidade se dá unicamente na dimensão das relações. Amantes e casais conhecem essa experiência a todo momento. Do namoro ao casamento é comum fazermos a troca entre a posse e o "ter". O enamorado, em sua relação apaixonada e ardente com sua amada, já possui, mas no momento em que a amada se torna "sua", que a tem, sua paixão desaparece. O ter não consegue dar conta da relação porque é sempre a anulação do outro. O outro só se faz independente na possibilidade de não pertencer, de não ser tido. Por isso o ato de intimidade é a constante preservação da distância e, acima de tudo, de não permitir que o outro o tenha. Essa é a dimensão tão fantástica de "não ter" e que só é usufruída pelos corajosos que acolhem a insegurança desafiando o medo. O "não ter" sempre representará o risco da morte, do desfazer-se, da falta de si e da perda da alma. Como se os momentos, a vida e o próprio ser pudessem ser enclausurados e retidos para garantir-nos a experiência de "ser". Essa experiência não pode ser segurada nas mãos, não pode ser congelada nem tornada estática.

A materialidade é a dificuldade que temos em aceitar isso. Se o alimento que como se torna meu corpo, se o que torno minha propriedade é exclusivamente meu, vivencio essas experiências como se o "ter" fosse prover pelo meu "ser". Tais experiências reforçam a crença de que o caminho à posse é o "ter". Mas a posse sempre reproduz o dilema da amante.

No *Cântico dos Cânticos,* livro que retrata o saudosismo da alma pelo sagrado na linguagem de amantes que anseiam um pelo outro, é dito:

> *"Estava adormecido, mas meu coração estava desperto. Ouça, minha AMADA bate à porta!"*

A condição de adormecido representa uma passividade apalermada em mim. Uma ausência que entorpece e que não consegue ouvir o que o coração escuta: batem à porta. Não é qualquer um que bate, mas a fantástica oportunidade de ser. É o ser que constantemente bate à porta num convite sensual ao encontro. O ser reclama que está sendo excluído e exige essa relação constante entre o interior e o exterior. Não é possível "ser" sem esse encontro na porta, no limite entre si e o outro. O "ser" fica assim exilado do corpo estupefato e entorpecido. "Deixe-me entrar!", clama a possibilidade de ser, como que se insinuando para ser possuído.

Mas o amante sabe que não é tão simples. Sabe do risco de ficar buscando desculpas como apresenta o livro do *Cântico dos Cânticos.* "Já vou, mas antes tenho que me arrumar, falta perfume, faltam detalhes para receber minha amada", reage o amado. No entanto, se tarda em abrir a porta descobrirá que sua amada desapareceu, ele a procura, mas não a encontra. Essa perda trágica é insuportável, é a antítese do ter. Se, ao contrário, ele vai de forma precipitada e abre a porta apressadamente, sua amada, em vez de desaparecer, se torna uma coisa, um isto, e ao tê-la ele perde a possibilidade de posse.

A tensão entre o interior e o exterior é fundamental, é nela que se experimenta a existência. O bater na porta é a tensão que não podemos perder. Não podemos adormecer e não escutar.

Graças ao coração isso não acontece, mas como realizar esse encontro diante do perigo de que a demora permita ao interior ser engolido pelo exterior ou que a pressa permita ao exterior ser invadido pelo interior?

Aquele que opta por "não ter" pode perder o objeto de seu desejo que parte. Aquele que opta por "ter" pode perder a possibilidade de posse. Ter ou não ter é a questão tal qual a tensão do bater da amada à porta! O sagrado é elusivo, não pode ser contido por nenhum ato, por nenhum direcionamento. A capacidade de estar vivo, de "ser", está relacionada à escuta do bater nessa porta e da manutenção da tensão que não esvazia nem preenche. Esse vazio que não tem e que se recusa em ter é onde se localiza a experiência da existência. Como se fôssemos cascas, invólucros prontos para conter seja lá o que for nos preencher, não poderá nos brindar com a grandeza da experiência de nosso espaço vazio. Esse vazio é a promessa do encontro, é a porta onde o interior e o exterior se tocam. É o exterior e suas coisas que criam o interior. É o interior e sua paixão que criam o exterior.

As experiências mais comuns são a de se perder esse momento de posse. Aniquilamos a possibilidade da posse, seja pela experiência do vazio de chegar à porta tardiamente, seja pelo fetiche, pela idolatria de se impacientar e se apressar à porta.

Na paixão, o olhar nunca poderá ser substituído por qualquer outra experiência porque ele contém o vazio e a possibilidade de encontro sem perder em ambos essa tensão paradoxal que é o único lugar da posse. Não se trata da posse do outro ou de coisa alguma, mas da posse de si mesmo.

ACARICIAR EM VEZ DE SEGURAR

O mesmo *Cântico dos Cânticos* descreve esse momento de posse pelo entusiasmo do amante: *"Beija-me e me embriaga com teus beijos, teu amor é mais doce do que o vinho!"*

O contrário de estar adormecido é estar embriagado. Esse lugar de ausência, de vazio de si, é o cenário para a posse. Os beijos e a doçura representam esse estado de ser que tanto buscamos e que em sua condição furtiva se revela na experiência erótica. Eros é o pedido para ser preenchido sem se fazer explícito se queremos ser invadidos ou invadir, se queremos estar dentro possuindo ou preenchidos possuídos. A sensualidade do beijo é esse portal do interior ao exterior, onde se processa a dubiedade de se tenho ou de se sou tido por outro. Nesse limite a questão de "ter ou não ter" se torna luminar, elétrica na sua velocidade infinitesimal de presenças que nos fazem participar do "ser" não como um filme, como um reflexo de nosso pensar, mas como o encadeamento instantâneo de comparecimentos que nos delineiam e liberam um golfo de existência.

Beijar é estar na porta gozando da doçura da possibilidade de abrir ou não a porta. Esse vinho é incomparável porque nos liberta da dualidade de existir em si ou no outro, no interior ou no exterior. Permite, assim, que não sejamos mais prisioneiros do Eu ou do Outro (das coisas) e momentaneamente conhecemos a posse.

O mundo, porém, é rude com a existência porque a faz constantemente defraudada de sua essência ao propor que seja preenchida com a materialidade, com a opção viciada por "ter" acima de qualquer outra coisa. Como se o "ter" pudesse suprir uma carência ou uma ausência. Mas a existência é em si um vazio, um oco a ser mantido.

caberia nesse cardápio de justeza entre os diferentes quereres e carências. No entanto, no mundo da posse, poucos almoços na vida são tão especiais quanto os que são grátis.

A própria palavra "grátis" deriva da palavra "graça", que busca definir uma relação de oferta sem demanda, um presente. Diriam os economistas que essas relações apenas ocultam preços subliminares e custos que mais cedo ou mais tarde se fazem conhecer. No entanto, à medida que as pessoas vivem e amadurecem não é raro que expressem: "nada mais me interessa a não ser que seja gratuito!" O que querem dizer é que o mundo dos preços não consegue dar conta dos valores da realidade, e, em particular, de valores que lhe são muito caros.

A possibilidade de relações que não sejam utilitárias, na qual as pessoas acariciem a existência e não tentem tomá-la nas mãos, disponibiliza posses. E nada é mais fabuloso e mágico do que o gratuito. Mesmo que o gratuito possa rapidamente se tornar cheio de demandas e preços, ainda assim é possível experimentá-lo momentaneamente. A transcendência desses momentos nos arrebata. E a grande maioria das lembranças vivas, daquilo que reverbera em nossa alma, é composta por experiências dessa ordem.

O Eros contido na gratuidade permite que a visão do mundo não aconteça nem do interior do indivíduo nem do exterior dele. Desde a porta, a gratuidade nos seduz. E antes de preenchê-la de preços e cotações, se estabelece um vazio repleto de valor.

Feliz daquele que sai pelo mundo de manhã na busca não de um bom negócio, mas para coletar gratuidades. E o mundo está repleto delas. As ruas transbordam de gratuidades que não são colhidas. Como um Maná que teima em cair diariamente, o mundo amanhece com esses presentes. Se corrermos para recolhê-los, em nossa precipitação eles se materializam em coisas que passamos a ter e seu mistério se esvai. Se tardarmos ele apodrece porque o gratuito é do momento, é fugidio e não pode ser acumulado.

Saber recolher o orvalho de gentilezas e graças que nos são dadas das coisas e das pessoas é o fruto do paraíso. O fruto representa a esfera da gratuidade. As funções de um fruto são fronteiriças entre o interesse de preservar o caroço e a oferta de si. Nada é mais saboroso e perfumado entre os alimentos do que o fruto. Nada é mais ingênuo e entregue do que o fruto. É o único alimento que não depende da morte de nada para que se preserve a vida de outro. É definitivamente um almoço grátis da natureza. E nossos ancestrais coletores sabiam disso. Viviam num paraíso que, com certeza, tinha menos possibilidades de aquisição e menos abundância do que o jardim em que vivemos, mas viviam imersos num mercado de gratuidades onde o "ter" não se oferecia como opção para vivenciar-se o "ser".

O fruto proibido do paraíso era Eros, a porta à qual bate a amada. Talvez essa seja a explicação de um fruto que é proibido, mas que ao mesmo tempo se faz disponível. Se o Criador não quisesse que o humano provasse desse fruto, por que lhe colocou a tentação da possibilidade? A resposta a tal pergunta está na própria pergunta. Não seria possível a posse – o "não ter" que recomendava o Criador – se não houvesse a possibilidade de "ter".

Adão e Eva, no entanto, insistem em "ter" o fruto. Não percebem que o fruto já era deles, muito mais deles, muito mais posse, do que no momento em que em suas mãos tentaram agarrá-lo ou suas bocas tragá-lo. Nesse gesto cheio do que parecia ser a tomada de posse só há carência e perda. Nessa mordida o mundo se faz repleto de preços. O futuro e o amanhã apareceram na consideração do valor. Adão e Eva agora eram capazes de se pré-ocupar, de se ocupar antes que a situação estivesse diante deles. Essa antecipação permitiu o estabelecimento de valores e, com ela, a noção da morte. E a morte é a mãe de todos os preços.

Esse paraíso de gratuidades ainda está aí, mas é guardado por Querubins com espadas giratórias e quem ousar passar por elas terá que deixar de fora a sua preocupação com o sustento do amanhã, terá que parar de fazer cálculos de quanto cada coisa vale para que se possa tê-la e, mais difícil ainda, terá que suportar "não ter". A gratuidade só se faz real para aqueles que não querem tomá-la, para aqueles que acariciam e respeitam seu vazio.

Quem experimenta dessa posse vai viver na busca de guardar os vazios e as distâncias. Sem possuir ou ser possuído, experimentará o único lugar da posse de seus momentos e de si, posses essas que nos dão o verdadeiro corpo, a essência de nossa existência.

"Ser ou não ser" ou "ter ou não ter" não são apenas as questões, mas são a existência e a posse em si. Quem souber resistir aos temores e ilusões que nos fazem desistir deste limbo, será e terá. Neste vazio entre ser e não ser ou entre ter e não ter está toda a graça, a gratuidade deste mundo.

A ECONOMIA DO DESEJO

O que o "ter ou não ter" busca preservar é o próprio desejo. É nele que está o núcleo de todas as economias. O desejo certamente inclui todas as necessidades demandadas pela sobrevivência e que norteiam a ânsia por "ter". Mas o desejo tem que ser sempre maior do que a aspiração de suas demandas saciadas. Na verdade o desejo é uma medida que tem que ser sempre maior do que daquilo que se dispõe.

Essa é a razão de um mundo consumista. Se o desejo precisa ser sempre maior do que o que se "tem", encontramos aqui a raiz da ganância e do desperdício. O suficiente ao desejo será sempre "um pouco mais". Essa leitura do desejo que o representa quantitativamente de forma acertada é, no entanto, totalmente equivocada no que tange a sua qualidade. O desejo não é "mais", é o "vazio". O mundo, e talvez o próprio universo, não é capaz de suportar o desejo que se expressa pelo "mais" porque os recursos para saciá-lo seriam infinitos. Mas este não é o problema maior, o que se constitui em tragédia é que o "mais" não é o desejo. Esse equívoco tão corriqueiro é responsável pelo desmonte do cenário da Criação como um paraíso e constrói o imaginário do inferno. O desejo não é a insaciabilidade. A insaciabilidade é tóxica ao desejo e é a origem de nossas tristezas.

A natureza do "vazio", por sua vez, não é tóxica. Vivemos imersos em vazio. O vazio em nosso estômago que se completa e esvazia, o vazio de nossos pulmões que se expandem e contraem, o vazio de nossa mente que nos permite a criatividade. O vazio que nos permite ocupar e desocupar, estar e não estar. O vazio é uma medida e, como tal, é real.

A insaciabilidade é sufocante porque em sua natureza não é uma medida. É apenas a relação entre uma medida e o que esta poderia ser. E tudo "que poderia ser" não é real. A construção mental daquilo que poderia ser é um modelo, mas não é parte da realidade. E a realidade é a única dimensão onde podemos encontrar bem-estar. Se buscarmos experiências fora da realidade elas vão nos causar inadequações que comumente chamamos de "tristezas". Estar triste é estar vivendo uma vida dissociada do desejo e da realidade. O "mais" é uma construção porque o corpo não gera essa demanda. Ela vem do imaginário humano. Esse mesmo imaginário, que é a tela onde se processam tantas e tantas cenas e projetos que nos fascinam, é também a fonte de onde emana a tristeza. Se comparássemos o ser humano ao mundo, a imaginação seria Holywood. De lá emanam os filmes, dos épicos aos romances, passando pelas comédias, mas para toda a imaginação há um momento em que as luzes se acendem e temos que levantar da cadeira – a sessão terminou.

O "mais" é um filme. Um filme que cumpre a função de substituir a realidade que se expressa no "vazio". O "mais" é o truque de experimentar o "vazio" sem deixar de abandonar o "ter" em momento algum. O desejo nos propõe ouvir que a amada bate à porta e dele emana a questão do "ter ou não ter" (ser ou não ser). Foi isso que o Criador permitiu a Adão e Eva – o desejo. Colocou um fruto pendurado diante deles e o ofereceu para que dele não se servissem. Um Criador sádico ou um romântico? Um Criador incoerente ou um Artífice oferecendo às limitações de sua criatura características que transcendessem sua própria natureza?

Podemos entender Adão e Eva e seu terror diante da oferta divina de que fossem imagem e semelhança do Criador. A Arte é por definição uma ação compassiva e é sua característica maior impregnar a obra do próprio artista, ou seja, partilhar de sua natureza com aquilo que cria. Todo artista, o verdadeiro, não quer apenas criar obras dominadas e controladas. Seu ato de dádiva é dividir com sua criação aspectos de sua própria essência. A criatura que é capaz também de criar dispondo em si de independência é, em si, a verdadeira criação, o objeto da arte, afinal, o verdadeiro Criador não está na busca de "ter", mas está em uma relação erótica com o vazio de "ter ou não ter". O quanto ter de sua própria obra e o quanto não ter é o que lhe garante a posse. E a posse é a motivação maior. Como sempre, a posse não sendo do outro, mas de si próprio.

No entanto, a reação, a sombra que se produz no ser humano é este paradoxo de ser ambos, criatura e criador. É por conta desse paradoxo que tentamos preencher com "matéria" o vazio de nossa condição terrena. Adão e Eva vão recusar a posse e vão insistir no "ter". Vão abrir mão da independência oferecida por seu Criador representada pela dúvida entre "ter e não ter" e vão trocá-la pelo falso alívio de "ter" de uma vez por todas.

Adão e Eva inventam a civilização do "mais". Sua ação recorrente a cada geração é a de correr para a porta e se antecipar ao chamado do amante. Como rei da cadeia evolutiva e com suas responsabilidades de ser o jardineiro do planeta, o ser humano não se permite o risco de abrir a porta tardiamente. A possibilidade de que a amada não esteja mais à porta é insuportável à esperteza humana. É melhor o risco da antecipação porque nos é mais nobre a precocidade do que a tolice. Então nos tornamos a civilização do "mais", daqueles que buscarão "ter" em vez de ficar nas dúvidas, ambivalências e paradoxos de "ter ou não ter".

Em nossa construção mental, em nosso modelo imaginado, construímos um cenário mais seguro. Ao mesmo tempo trouxemos sobre nós a insaciabilidade e a tristeza.

Nosso resgate maior não está em nos apossarmos de coisas, mas de nosso próprio desejo. Uma civilização que não queira "ter", sem que com isso caia na depressão de não querer ter, pode parecer uma impossibilidade ou uma utopia. Acreditamos que um cenário como esse só se faria possível se a natureza humana mudasse fundamentalmente, o que parece bastante improvável, porém a economia de nosso desejo trabalha nesse ças e flutuações do "ser" não permitem parâmetros fixos. Não há um "ser" fixo que se coloque diante da questão de "ter ou não ter". O ser é definido dessa relação. O sujeito é aquele que deseja e que toma posse e ambos são relações e não essências. Não há um eu *a priori* sem o mundo. Não há como ser sem ter ou não ter.

POSSUO, LOGO EXISTO – *FUI ERGO SUM*

Outra perspectiva da existência é reconhecer que o ser está mais nas questões, nas ambivalências, nas dúvidas e nos paradoxos do que numa entidade, num "Eu" que só encontra um sujeito absoluto no Artista. A obra, com sua imagem e semelhança emprestadas, se vê não na luz própria, mas na luz que é refratada no mundo. O "ter ou não ter" é a visão de nós mesmos e é ela que forma momentaneamente um "eu" com desejo e capaz de tomar posse.

Na verdade este é o *self* com o qual gradualmente me identifico. Não se trata obviamente de um "eu" estático capaz de afirmar "eu sou". Mas também não é o "eu" mutante que minha biografia me faz conhecer. O *self* é o "eu" que está prestando atenção nessas mudanças, é o "eu" que existe nas questões, ambivalências, dúvidas e paradoxos. A consciência de nossas interações que geram esses questionamentos é o "eu" que me faz companhia pela existência afora. Como essa consciência ilumina e colore a realidade responde pelo *self*, pelo único lócus de onde posso experimentar o bem-estar e a alegria.

O "ter" é a distorção que tenta usar o mundo externo para prover um "eu" estático ou mutante, mas onde não estou. Só há alguém em mim quando tenho essas questões, ambivalências, dúvidas e paradoxos em relação ao mundo. No vazio entre "ter e não ter", entre o bater à porta e atendê-la, está a minha presença.

Em outras palavras, a posse é a questão fundamental. Quem está neste mundo vive pela busca de posses. Para o ser humano, elas atendem necessidades não só físicas, mas emocionais, intelectuais e espirituais. O homem que possui é o homem que é. Quão trágica a busca de si num mundo de tantos artigos de tantas coisas que se têm, mas que não foram submetidas ao crivo existencial de "ter ou não ter".

Por conta dessas coisas que temos sem a legitimidade concedida pelas questões de "ter ou não ter", se torna recomendável uma antiga prática comum a muitos místicos. Os místicos utilizavam a mendicância como uma prática espiritual importante em certos momentos de suas vidas. Quando percebiam que estavam confusos e vivendo com distanciamento de sua própria vida, então recorriam a esse artifício. A confusão cujas raízes são espirituais só pode ser desfeita trabalhando-se em níveis muito concretos. Para tal, os místicos saíam da esfera espiritual e se transladavam ao nível mental, cuja característica é a dúvida. De lá mergulhavam ainda mais profundamente nas esferas concretas e atingiam o nível emocional e suas ambivalências. Nessa dimensão os sentimentos não mentem nunca. Eles podem no máximo estar equivocados, mas sua legitimidade e honestidade são inquestionáveis. Faziam então a derradeira peregrinação ao mundo físico e se engalfinhavam com suas questões físicas, com as "coisas" e com a matéria. Por isso se tornavam mendigos.

Perder tudo e deixar de "ter" os colocava diante da possibilidade de reconstruir seu mundo de posses. Com isso queriam livrar-se dos resíduos e impurezas de coisas que não tinham sido submetidas às profundezas de "ter ou não ter". O mendigo é no mundo do ter o que um bebê é no mundo do ser. A mendicância é muito repleto; pela presença que existe entre o bater à porta e o atender. Presença invisível, mas capaz de nos resgatar da condição de obra e nos reunir novamente como parte do artista. Ou seja, a arte em nós é o que seria eterno.

SÓ QUERO O QUE EU TENHO

A verdadeira posse só pode acontecer de uma forma paradoxal. Tanto o amante que fica precoce ou tardiamente entre abrir a porta como o espaço entre as questões que emanam de ter ou não ter representam esse lugar tenso e vazio onde somos mais vivos do que em quaisquer extremos. Precipitar portas abertas ou se fazer surdo às batidas do amante, assim como o apego representado pelo "ter" ou a aversão representada pelo "não ter", qualquer uma dessas opções distorce o senso de si e compromete a qualidade de vida.

É essa a mais difícil de todas as lições.

Certa vez o rabino de Berditchev viu um homem que se apressava pela rua. Ele o abordou e perguntou: "Por que você está tão apressado?" "Meu senhor, estou correndo atrás do meu sustento!", respondeu irritado. "Mas como o senhor sabe", continuou o rabino, "que seu sustento está correndo a sua frente? Talvez esteja atrás do senhor e tudo do que necessita para encontrá-lo é ficar parado... mas o senhor está constantemente correndo dele!"

Estabelecemos como padrão que as oportunidades só podem ser aproveitadas se as perseguimos, mas muitas vezes o lugar de encontrá-las é parado, distante do impulso por ter e conquistar. É óbvio que a vida pressupõe esforço e caça, mas a mesma vida também pressupõe graça. O gratuito que nos faz gratos constitui uma parcela importante do que pode ser apossado. O gratuito é o "não ter" que devemos estar constantemente considerando com o que "ter". Se não considerarmos a possibilidade de "não ter", vamos perder todas as oportunidades do que é gratuito neste mundo. E aquele que só conhece a labuta pelo "ter" dificilmente se apossa das coisas que "correm atrás" dele. O desejo fica então transfigurado nesse indivíduo que, ensandecido, corre pelas ruas da cidade.

Talvez a experiência mais próxima desse paradoxo esteja no tempo. Quanto mais fazemos, mais rápido fica o tempo e acabamos fazendo cada vez menos. Só o fazer pouco permite que o tempo se alastre permitindo que se realize muito.

Na verdade, esse paradoxo se encontra presente em todas as experiências nas quais buscamos viver pelos extremos, evitando as questões e seus desdobramentos. Não se trata, como já enfatizamos, de "ter", como também não se trata de "não ter"; só há posse na tensão entre "ter ou não ter".

Dizia outro rabino, Rebe Pinchas: "Aquilo que você persegue arduamente, não consegue alcançar. Mas aquilo que permite crescer lentamente, respeitando seu tempo, isso você alcança." A posse é sempre o usucapião de si mesmo, é o apossamento legítimo de si mesmo e não de coisas como insistimos em acreditar. É por isso que tudo que cresce lentamente se habilita à posse, enquanto aquilo que queremos forçosamente segurar e conter se torna fugidio e insólito.

E aqueles que tentam aplicar automaticamente esse ensinamento comumente se perdem em seu desejo. Isso porque "ter ou não ter" não é um truque, mas um verdadeiro portal por onde podemos constantemente adentrar a experiência de estar vivo. Só com profunda integridade, evitando manipulações, truques ou atalhos, podemos experimentar isso. Conta-se do indivíduo que vai reclamar com seu mestre espiritual dizendo: "Eu aprendi que aqueles que *não* perseguem a fama e a honra são aqueles que verdadeiramente irão encontrá-las. E é isso que tenho feito toda a minha vida, mas o ensinamento não se mostrou verdadeiro. Não atingi nem a fama nem a honra." O rabino imediatamente explicou: "É que apesar de você não estar correndo atrás da fama e do reconhecimento, a toda hora você dá uma espiada para ver se elas vêm atrás de você e isso é idêntico a correr atrás delas!"

Essa tal posse de si que tantas vezes apontamos se faz possível apenas em nossos questionamentos. São nas ambivalências, dúvidas e nos paradoxos que se produz a experiência da existência. Não são as coisas que nos auferem existência, mas o Desejo. As coisas que se pode ter são apenas os objetos de nosso desejo. Mas o que ele quer não são coisas, ele quer prosseguir com experiência de desejar.

A busca por um equilíbrio de tensões, habitat natural do desejo, é em si a própria tarefa da existência. A possibilidade de "ter" pode tanto tencionar a corda da vida e arrancar-lhe uma existência melodiosa e afinada como pode afrouxá-la a ponto de produzir uma existência desafinada e descompassada.

O rabino Susya dizia: "Eu só quero o que eu tenho!" Sua intenção era provocar o ruído de não se atrelar o desejo a algo ainda por ser conquistado ou não alcançado. Tentava, assim, enfatizar que o desejo não é a busca por "mais", mas pelo vazio. Com certeza as coisas que ele tinha e que continuava querendo não estavam destituídas da questão de "ter ou não ter". O desejo sempre será composto pela tensão entre "ter e não ter", o que Susya não se permitia era a ilusão de que o amante que bate à porta é o Desejo. Ele não precisa da amada, só que esta bata à porta. Por isso não precisa de "mais", já lhe basta o "vazio" que retumba em seu coração por conta das batidas à porta. É esse bater à porta que pode entrar em sincronia com o bater do próprio coração e nos permitir desejar aquilo que já temos, ou no limiar desta grandeza, apenas e somente só aquilo de que já dispomos.

A descoberta de que nos bastam as batidas na porta e o despertar do coração para honrar nossa responsabilidade por ser, independentemente de se monopolizar ou se apoderar do amado, constitui em si a verdadeira posse. O que tenho e que quero é a mim mesmo. E este é o grande presente da existência: se a verdadeira posse é sempre de si próprio, enquanto estivermos vivos, enquanto estivermos corporificados em nós mesmos, ela é sempre possível.

"Só quero o que já tenho!" significa que só quero a mim mesmo. O objeto de meu desejo é apossar-me de mim mesmo, ou seja, o que quero é por definição o que já tenho. Não se trata de narcisismo, mas de reconhecer a reversibilidade total entre ser e ter – ser é ter a si mesmo. E de onde emana esse ter? Emana de todas as coisas do universo que posso buscar "ter ou não ter" e que me revertem à posse de mim mesmo.

Nesse caminho cheio de armadilhas e ilusões, onde efeitos ópticos confundem o mundo externo com o interno, o eu com o outro e o indivíduo com todas as coisas a sua volta, ainda assim nosso coração está desperto. É só esse coração que pode nos despertar das fantasias e do torpor. Só ele pode nos arrancar do fetiche do imaginário e do apalermado da rotina e nos resgatar para ouvir que à porta batem. Não é a alucinação de nosso desejo por "ter", mas a constante possibilidade de tomar posse. De tomar posse de si acariciando nossas dúvidas, ambivalências e nossos paradoxos. E dessa carícia que tenta averiguar o invisível e que tenta delinear o vazio é que se constitui o cuidado consigo que cumpre com a tarefa de ser.

A MATRIZ DOS CONSUMOS – O DE SI MESMO

Repetimos inúmeras vezes que a verdadeira posse tinha como objeto a apropriação de si mesmo. Esse lugar tão precisamente exato onde habita a essência de um indivíduo deve ser tal que não produza nem culpa nem arrependimento. A culpa é o fantasma, é a medida de desvio deste lugar exato por ter-se mais do que se pode apropriar. O arrependimento é a medida de desvio por ter-se menos do que se poderia apropriar. Ambas medidas expõem a dificuldade de se viver a própria vida, de consumir o potencial oferecido no decorrer de nossa existência.

Esse centro da existência humana é determinado pelas intercessões das quatro componentes da experiência física, emocional, intelectual e espiritual. Quando fazemos uma gestão equilibrada entre essas quatro áreas de nossa sensibilidade, quando o intelectual não reprime o físico, quando o físico não embota o emocional, quando o espiritual não desqualifica o intelectual, quando o emocional não fantasia o físico, e assim por diante, se processa uma posse. Trata-se da posse de si, algo possível a todos os momentos da vida. Por sermos um corpo podemos tê-lo a cada momento. Mas tê-lo só é possível nessa harmonia entre sensibilidades – só podemos tê-lo se somos. O nosso grande sonho de consumo é, enfim, consumir a nós mesmos. Gastar e usar a nós mesmos é a grande economia de um ser vivo. Nem o avaro nem o perdulário de sua existência conhecem a posse de si. Cuidar de si mesmo é o instrumento que permite apropriar-nos de nosso ser e representa o único sujeito legítimo presente em uma entidade viva.

Os místicos contemplavam um verme e percebiam que na questão da existência não tem sentido qualquer hierarquia na cadeia evolutiva. O verme, mesmo com sua falta de sofisticação diante da complexidade de um humano, ainda assim pode ser capaz de se fazer verme melhor do que o homem pode se fazer homem. Esse cumprir de si é tão legítimo quanto for capaz de produzir bem-estar, independentemente de qualquer hierarquia biológica. Cumprir-se e apropriar-se determina a qualidade do ser.

O bem-estar não diz respeito à existência de condições externas favoráveis, mas à interação que estabelecemos entre o interior e o exterior de nós mesmos, entre as questões, em todas as suas formas, que somos capazes de gerar.

O poeta-filósofo Raul Seixas, com traços entre Shakespeare e Kafka, define cruamente: "Eu sou o início, o fim e o meio." Minha consciência me faz ser o sujeito que me leva do nascimento à morte, do início ao fim. A consciência se incumbe da jornada entre a mão fechada e a mão aberta, entre apego e desapego. Essa consciência é construída pelo emocional e pelo intelectual. Mas, mais do que isso, eu sou também o meio. É através de mim que a existência me perpassa, em vez de atravessá-la como a caminhada por uma biografia. Esse meio é o físico e o espiritual. Essas dimensões são aquelas que se fazem reais apenas no presente e determinam o meio pelo qual existimos.

No meio não me represento nem pela mão fechada nem pela mão aberta. No meio há apenas a questão sobre tomar ou largar, ter ou não ter.

Eu sou o meio. Não sou a vida no nascimento e não sou a morte no óbito. Eu sou o que possuo, o que tem e que não tem, aquele que tem profundas questões e que nelas habita.

Nessas questões eu conheço um Eu e reconheço um Tu. Companheiras perpétuas, essas perguntas me asseguram que no meio, mais do que nas origens e no destino, está o meu ser. Asseguram que ocupar a mim mesmo me oferece a posse que nada no universo me pode proporcionar. Deixo o corpo da criança que acredita estar sua alma naquilo que deseja e encarno o próprio desejo.

E o coração desperto me lembra: batem à porta!

Este livro foi impresso na Editora JPA Ltda.,
Av. Brasil, 10.600 – Rio de Janeiro – RJ,
para a Editora Rocco Ltda.